Die Geschichte von Cole Younger, von ihm selbst erzählt

AF190240

Der Wilde Westen hautnah
2. Band.

Die Geschichte von Cole Younger, von ihm selbst erzählt

Eine Autobiographie des Guerillakämpfers und
Gesetzlosen aus Missouri;
Seine Gefangennahme und sein Gefängnisleben;
Und der einzige authentische Bericht des
Überfalls auf die Northfield Bank, der je
veröffentlicht wurde

Von

Cole Younger

Chicago

The Henneberry Company

1903

Impressum:
© 2018, Maria Weber (Übers. und Hrsg.).
Herstellung und Verlag: BoD-Books on Demand, Norderstedt.
ISBN: 978-3-74608-280-6

Inhalt

Warum dieses Buch geschrieben wurde

Viele werden sich vielleicht fragen, was einen alten „Guerillakämpfer" zu einem so späten Zeitpunkt dazu bewegen sollte, die Geschichte seines Lebens wiederzugeben. Kurz vor meinem sechzigsten Geburtstag komme ich in die Welt hinaus, um hundert oder mehr Bücher, von höheren oder geringeren Ansprüchen, vorzufinden, die angeblich eine Geschichte vom „Leben der Younger Brüder" sein sollen, die aber alle nicht mehr und nicht weniger sind als ein Haufen reißerischer Erzählungen, die mit den Younger-Brüder nicht das Geringste zu tun haben. Ein Verlagshaus verkauft allein sechzig verschiedene dieser Bücher, und ich wage zu behaupten, daß in allen zusammen keine sechs Seiten Wahrheit gefunden werden könnten. Die Handlung weist zudem grelle Dramen auf, in denen wir in teuflischer Schwärze gemalt sind.

Es ist daher meine Absicht, eine authentische und absolut wahrheitsgetreue Geschichte vom Leben der „Younger Brüder" zu schreiben, damit ich, wenn möglich, dem Schaden, der durch meine Brüder und mich selbst angerichtet wurde, und den Berichten der Missetaten von Mord und Totschlag, denen uns unerbittliche Sensationssüchtige angeklagt haben, die aber nicht einmal der Wahrheit nahe kamen, obwohl sie zweifelsfrei alles taten, um die öffentliche Meinung zu beeinflussen, zumindest teilweise entgegenwirken kann.

In diesem Bericht möchte ich das wenige Gute, das in meinem Leben war, darlegen und gleichzeitig das Schlechte nicht verschweigen, in der Hoffnung, vor der Welt einen einst geehrten Familiennamen ins rechte Licht zu rücken, der Schande dadurch erlitten hat, daß ihm mehr böse Taten aufgebürdet wurden, als ihm jemals rechtmäßig zustanden.

Der Schar von Freunden in Minnesota und Missouri, die in den letzten Jahren alles getan haben, um meinem Bruder und mir zu helfen, aus keinem anderem Grund als aus Liebe, Gutes zu tun und Mitgeschöpfen im Leiden zu helfen, möchte ich sagen, daß ich mich stets so verhalten werde, daß sie nie den geringsten Grund haben werden, zu bereuen, daß sie unsere Sache verfochten haben, oder sich der Freundschaft, die sie uns so großzügig erwiesen, zu schämen. Nichts ist tiefer in meinem Herzen verwurzelt als die Dankbarkeit, die ich für sie alle empfinde, und der Wunsch, mich ihrer würdig zu erweisen.

In den beiden genannten Staaten sind diese Freunde zu zahlreich, um jeden ihrer Namen zu nennen, aber unter denen in Missouri, die lange Reisen nach Minnesota unternahmen, um meine Sache zu vertreten, obwohl sie wußten, daß dies vielerorts nicht gern gesehen wurde, möchte ich insbesondere danken: Colonel W. C. Bronough aus Clinton, Captain Steve Ragan, Colonel Rogers aus Kansas City und Miss Cora MacNeill, heute Mrs. George M. Bennett aus Minneapolis, aber früher auch aus Kansas City.

Abschließend möchte ich sagen, daß von der ersten bis zur letzten Seite keine Aussage vorliegt, die nicht verifiziert werden könnte.

Hochachtungsvoll,

COLE YOUNGER

Lee's Summit, Missouri

I.
Kindheitstage

Der politische Haß ist immer bitter, aber keiner war bitterer als jener, der während meiner Kindheit in Jackson County im damaligen Staat von 1856 bis '60 entlang der Grenze zwischen Missouri und Kansas bestand. Dieser Haß sollte mir bald einen Ärger bereithalten, von dem ich nie geträumt hätte.

Ich hatte eine glückliche Kindheit. Ich war das siebte von vierzehn Kindern, aber die Geschäfte meines Vaters florierten, und wir erhielten die beste Ausbildung, die die beschränkten Einrichtungen dieses Teils des Westens damals gewährten.

Meine Leute waren immer politisch aktiv gewesen. Es lag uns im Blut. Meine Urgroßmutter väterlicherseits war eine Tochter von „Lighthorse Harry" Lee, dessen wir stets stolz gedenken. Die Youngers stammten aus Straßburg und halfen dort zu regieren, als es eine freie Stadt war. Henry Washington Younger, mein Vater, vertrat Jackson County dreimal in der Legislative und war auch Richter am County Court. Meine Mutter, Bersheba Fristoe aus Independence, war die Tochter von Richard Fristoe, der unter General Andrew Jackson in New Orleans kämpfte. Jackson County wurde auf Drängen meines Großvaters Fristoe so benannt. Mutter stammte von den Sullivans, Ladens und Percivals aus South Carolina, den Taylors von Virginia und den Fristoes von Tennessee ab, und mein Großvater Fristoe war ein Großneffe des Obersten Richters von Virginia, John Marshall.

Natürlich waren wir vom Zugehörigkeitsgefühl her sowie in unseren Handlungen Südstaatler. Mein Vater besaß Sklaven, und seine Kinder wuchsen in guten Verhältnissen auf, obwohl das Grenzland damals nicht gerade im Luxus schwelgte. Die Eisenbahnlinien hatten Jackson County noch nicht erreicht, und auf der Farm meines Vaters am Big Creek in der Nähe von Lee's Summit gab es reichlich Wild. Ich kann mich nicht an eine Zeit erinnern, als ich noch nicht schießen konnte. Ich jagte schon Wildgänse, als ich noch keine zwei Stück hätte ohne Hilfe nach Hause schleppen können. Dieser grüne Ort war jedoch dazu bestimmt, ein blutiges Schlachtfeld zu werden, als die Nation sich teilte.

Seit 1855 gab es Gerangel wegen der Kansas-Linie. Ich war noch ein Junge, geboren am 15. Januar 1844. Mein Bruder James wurde am 15. Januar 1848 geboren, John im Jahre 1851 und Robert im Dezember 1853. Mein ältester Bruder Richard starb 1860. Das war vor den Konflikten und Problemen, die sich auf unser Heim konzentrierten;

diese pflanzten eine Bitterkeit in mein junges Herz, das nach Rache schrie, und dieses Gefühl wurde durch die folgenden Greuel des Krieges nur verstärkt. Ich beziehe mich insbesondere auf den beschämenden und feigen Mord an meinem Vater wegen des Geldes, das er bekanntermaßen in seinem Besitz hatte, und auf die grausame Behandlung meiner Mutter durch die Missouri-Miliz.

Mein Vater stand im Dienste der Regierung der Vereinigten Staaten und hatte den Postvertrag über eine Strecke von fünfhundert Meilen. Während er in Washington einige Geschäfte in dieser Angelegenheit erledigte, verübten die Kansas Jayhawkers einen Raubüberfall auf den Mietstall und mehrere Meilen im Land draußen auf die Postkutsche, wobei die Räuber auch sein Geschäft plünderten und sein Eigentum völlig zerstörten. Als mein Vater aus Washington zurückkam und von diesen Verbrechen erfuhr, ging er nach Kansas City, Missouri, dem Hauptquartier der Staatlichen Miliz, um zu sehen, ob etwas getan werden könne. Er war mit einem Wagen nach Harrisonville zurückgefahren, wurde aber eine Meile südlich von Westport, einem Vorort von Kansas City, überfallen und brutal ermordet; er fiel mit drei tödlichen Schußwunden aus seinem Wagen auf die Straße. Sein Pferd wurde an einen Baum gebunden und sein Leichnam dort liegen gelassen, wo er hinfiel.

Mrs. Washington Wells und ihr Sohn Samuel, die auf dem Weg von Kansas City nach Lee's Summit waren, erkannten die Leiche als die meines Vaters. Mrs. Wells blieb, um den Leichnam zu bewachen, während ihr Sohn die Nachricht von dem Mord an Colonel Peabody vom Federal Commando überbrachte, der sich damals im Lager in Kansas City aufhielt. Ein Vorfall im Zusammenhang mit der Ermordung meines Vaters war das Treffen zweier meiner Cousinen mütterlicherseits, Charity Kerr und Nannie Harris (danach Mrs. McCorkle) zuerst mit meinem Vater und dann eine kurze Strecke weiter mit Captain Walley und seiner Bande der Missouri Miliz, deren Hände mit dem Blut meines Vaters befleckt sind.

Walley veranlaßte später die Verhaftung meiner Cousinen, da er befürchtete, daß sie ihn und seine Männer wiedererkannt hätten. Diese jungen Frauen wurden in ein baufälliges, zweistöckiges Haus eingesperrt, das zwischen der 14. und 15. Straße an der Grand Avenue in Kansas City, Missouri, lag. Zu dieser Zeit waren auch fünfundzwanzig andere Frauen inhaftiert, darunter drei meiner Schwestern. Das Erdgeschoß wurde als Lebensmittelgeschäft genutzt. Nach sechs Monaten trostlosen Daseins in diesem Gefängnis wurde das Haus heimlich untergraben und fiel mit den Gefangenen darin zusammen, von denen nur fünf unverletzt entkamen. Es wurde festgestellt, daß der Lebensmittelhändler seinen Lebensmittelvorrat rechtzeitig aus dem Gebäude geholt hatte, um ihn vor der Zerstörung zu bewahren, was bewies, daß die Zerstörung des Hauses kaltblütig geplant war, mit dem Hintergedanken, meine Schwestern und Cousinen und die anderen unglücklichen Frauen zu ermorden.

Beinahe alle meine Verwandten wurden jedoch vor dem Tod gerettet, außer Charity Kerr, die hilflos mit Fieber im Bett lag, und beim Einsturz verschüttet wurde. Ihr schrecklich zugerichteter Körper wurde später aus den Trümmern gezogen. Mrs. McCorkle sprang aus dem Fenster des Hauses und entkam. Diese Cousine war die Tochter von Reuben N. Harris, der viele Jahre lang Steuereintreiber war. Aus Virginia stammend und langjähriger Schullehrer in verschiedenen Teilen Missouris, war er im gesamten Bundesstaat als aktiver Sympathisant des Südens bekannt. Sein Heim stand jedem konföderierten Soldaten und Kundschafter im Westen offen. Informationen, Zeitungen und dergleichen, die dort zurückblieben, wurden sicher für die richtigen Hände aufbewahrt.

Im September 1863 durchwühlten Soldaten das Haus der Harris', stahlen alles, was sie für wertvoll hielten, und brannten das Gebäude nieder. Eine Tochter, Kate, die oben eingeschlafen war, wurde von ihrer Schwester vor den Flammen gerettet. Als die Angreifer gingen, schrie einer von ihnen:

„Nun, Alte, ruf doch deine Beschützer. Warum rufst du nicht nach Cole Younger?"

Unter den Frauen, die ihr Leben verloren haben, war Miss Josephine Anderson, deren grausamer Tod das Leben ihres Bruders zerstörte und ihn mit einer solchen Entschlossenheit zur Rache erfüllte, daß er danach zum gefährlichsten aller gefährlichen Männer wurde. „Quantrill verschont manchmal, aber Anderson nie", wurde ein geflügeltes Wort an der Grenze zu Kansas. Bevor er 1864 in einem Gefecht mit Truppen des Nordens starb, hatte er dreiundfünfzig Knoten in eine seidene Schnur gebunden, die er in seinem Wildlederbeutel trug. Jeder Knoten repräsentierte ein menschliches Leben. Anderson war damals reif für den Überfall auf Lawrence.

All das war wahrlich grausam und genug, um die weichsten Herzen zu verhärten und zu erbittern, aber es war gar nichts, verglichen mit dem fortwährenden Leiden und der Folter, die meiner Mutter in den Jahren 1862 bis 1870 auferlegt wurde.

Nach der Ermordung meines Vaters wurde sie so sehr in ihrem Haus in Harrisonville belästigt, daß sie Frieden auf ihrem Landsitz achteinhalb Meilen nördlich der Stadt suchte. Aber sie fand auch dort nicht die Ruhe, die sie suchte, denn der Ärger ging in einer noch schlimmeren Form weiter. Sie hatte nur die jüngsten Kinder bei sich und mußte sich ganz auf „Suse" verlassen, die einzige noch verbliebene Dienerin der Familie, die ihren Wert viele Male bewies und in jedem Notfall die Loyalität und Hingabe selbst war. Nichts hätte ihre Treue wirksamer beweisen können als ein Vorfall, der mit einem meiner verstohlenen Besuche zu tun hatte. Eines Nachts ging ich nach Hause, um Medizin für die verwundeten Jungs in der Schlacht von Lone Jack zu holen, die ich einige Meilen entfernt in den Wäldern pflegte. Als ich mit meiner Mutter redete, hielten zwei meiner Brüder an den Fenstern Wache.

Bald ertönte der gefürchtete Schrei, „Die Miliz umzingelt das Haus!", und in der Aufregung, die folgte, öffnete „Suse" die Tür, um eine Reihe von Bajonetten vor ihrem Gesicht zu finden. Sie warf die Hände hoch und schob die Waffen beiseite. Ihre verzweifelten Schreie, als sie verlangten, daß sie mich ihnen ausliefern sollte, verursachten eine momentane Verwirrung, die es mir ermöglichte, an ihre Seite zu gelangen, und gemeinsam schafften wir es bis zum Tor, wo ich unter einem Bleihagel in den Wald kam, wobei mich keine der Kugeln auch nur streifte, obwohl ich vom Haus bis zum Tor im hellsten Tageslicht zu sehen war.

Zwei Monate nach diesem Vorfall drangen dieselben Verfolger mitten in der Nacht wieder in unser Haus ein und versuchten meine Mutter mit vorgehaltener Pistole zu zwingen, ihr eigenes Haus in Brand zu setzen. Sie bat darum, bis zum Morgen warten zu dürfen, damit sie und ihre Kinder und „Suse" nicht in der Dunkelheit in den Schnee hinausgehen müßten, der damals zwei oder drei Fuß tief war, wo doch der nächste Nachbar viele Meilen entfernt war. Diesem stimmten sie unter der Bedingung zu, daß sie ihr Haus bei Tagesanbruch anzündete. Sie waren im ersten Morgengrauen da, um zuzusehen, daß sie ihre Vereinbarung erfüllte, also ließ sie die brennenden Wände hinter sich und begann mit ihren vier jüngsten Kindern und „Suse" ihre acht Meilen lange Wanderung durch den Schnee nach Harrisonville.

Ich habe immer geglaubt, daß die Kälte, der sie auf dieser grausamen Reise ausgesetzt war, und die sogar für einen Mann zu schwer zu ertragen war, die direkte Ursache ihres Todes war. Von Harrisonville ging sie nach Waverly, wo sie ständig belästigt wurde. Eine der Bedingungen, unter denen ihr Leben verschont blieb, war, daß sie sich wöchentlich in Lexington melden würde. Es war während einer dieser Abwesenheiten, daß unsere Feinde zu dem Haus gingen, wo sie ihre Familie zurückgelassen hatte und verlangten, daß sie ihnen die 2200 Dollar aushändigen sollten, die übersehen worden waren, als mein

Vater ermordet wurde. Sie hatte die Aufgabe, das Geld zu verbergen, auf „Suse" übertragen, und obwohl sie tatsächlich diese treue Dienerin an einen Baum im Hof hängten, entschlossen, sie zu zwingen, das Versteck des Geldes zu enthüllen, deutete diese nicht mit einem Wort an, daß das Geld in diesem Augenblick in ihren Kleidern verborgen war. Sie wurde für tot zurückgelassen, und wäre nicht gerade noch rechtzeitig ein Freund angekommen, der das Seil abschnitt und sie wieder zum Bewußtsein brachte, wäre sie in wenigen Augenblicken so tot gewesen, wie ihre Möchtegern-Mörder es sich erhofft hatten.

Eines der zahlreichen Bücher, die vorgeben, eine Geschichte meines Lebens zu erzählen, gibt mit der äußersten Nüchternheit an, daß ich als ein Junge grausam zu Tieren und zu meinen Schulkameraden gewesen sei, und daß ich meinen Lehrern dauernd Probleme und Ärger verursacht hätte. Einhundert meiner Freunde und Schulkameraden werden mich in der Aussage unterstützen, daß ich, weit davon entfernt, grausam zu Tieren oder Menschen zu sein, immer als freundlich und rücksichtsvoll gegenüber beiden betrachtet wurde. Einer meiner alten Schullehrer, den ich seit dem Frühling oder Sommer 1862 nicht mehr gesehen habe, ist Stephen B. Elkins, Senator aus West Virginia.

Am 4. Juli 1898 schrieb Senator Elkins: „Ich kannte Cole Younger seit meiner Jugend, und auch seine Eltern. Sie waren gute Leute und gehörten zu den Pionieren an der westlichen Grenze von Missouri. Die Younger-Brüder hatten in der Gemeinde, in der sie lebten, einen guten Ruf und wurden ebenso wie ihre Eltern wegen ihres guten Verhaltens und Charakters geschätzt. Im Frühjahr oder Sommer 1862 wurde ich von Quantrills Leuten gefangen genommen und von den Soldaten, die mich in Obhut hatten, in sein Lager gebracht. Als ich das Lager erreichte, war die erste Person, die ich erkannte, Cole Younger. Als ich gefangen genommen wurde, erwartete ich, ohne Umschweife erschossen zu werden. Sobald ich Cole Younger sah, fühlte ich Erleichterung, weil ich ihn und seine Eltern lange und gut gekannt hatte, und sobald ich eine Gelegenheit hatte, erzählte ich ihm offen, was ich befürchtete und daß ich hoffte, daß es ihm gelingen würde, auf mich aufzupassen und mich vor dem Tod zu retten. Er versicherte mir, daß er alles tun würde, um mich zu beschützen. Cole Younger erzählte Quantrill, daß mein Vater und Bruder in der Rebellenarmee und gute Kämpfer seien und daß ich zu Hause geblieben wäre, um mich um meine Mutter zu kümmern; daß ich ein guter Kerl und kein feindlicher Kämpfer sei. Dies geschah, kurz bevor ich in die Unionsarmee eintrat, und es war allgemein bekannt, und ich bin sicher, Cole wußte es auch, daß ich mich stark für die Union einsetzte und kurz davor stand, in die Armee einzutreten. Cole Younger sagte mir, was ich tun solle, um meine Flucht zu ermöglichen und ich glaube, daß ich mein Leben seiner Freundlichkeit verdanke."

Ein anderer alter Schullehrer ist Captain Steve Ragan, der heute noch in Kansas City, Missouri, lebt und Zeugnis ablegen wird, daß ich weder grausam noch unbeherrscht war.

2.
Der dunkle und blutige Boden

Viele Gründe vereinigten sich, um die Menschen auf beiden Seiten der Grenze zwischen Missouri und Kansas zu erbittern.

Jene Missourianer, die für die Sklaverei waren, wollten, daß Kansas als Sklavenhalterstaat zugelassen würde, und versuchten, dies durch äußerste Anstrengungen zu erreichen. Abolitionisten hingegen beschlossen, daß Kansas frei sein sollte, und einer der Pläne, um Einwanderung aus den östlichen Nordstaaten zu fördern, wo Sklaverei in Mißkredit gebracht wurde, war die Organisation eines Einwanderungs-Hilfsverbandes, an dem viele der führenden Männer interessiert waren. Ich stelle hier weder die Ernsthaftigkeit ihrer Entschlossenheit noch den Eifer ihres Kampfes für die Freiheit in Frage.

Aber viele von denen, die unter der Schirmherrschaft dieser Gesellschaft nach Kansas kamen, waren unerwünschte Nachbarn, ganz gleich von welchem Standpunkt aus sie betrachtet wurden. Ihre Vorstellungen von Eigentumsrechten waren in vielen Fällen sehr verschwommen. Einige von ihnen wurden aus den östlichen Gefängnissen entlassen, um in einem neuen Land neu anzufangen. Sie sahen einen Sklavenhalter als legitime Beute an, und später, als die Linien enger gezogen wurden, betrachteten sie jeden Sezessionisten für vogelfrei, ob er nun Sklaven besessen hatte oder nicht.

Diese neuen Nachbarn rannten ohne Gewissensbisse mit den Pferden und Negern der Leute aus Missouri davon, und einige Missourianer entwickelten bald ähnlich laxe Vorstellungen über die Eigentumsrechte der Leute aus Kansas. Diese Räuber auf beiden Seiten schreckten auch vor Mord nicht zurück, wenn sie gestört wurden, und schließlich entwickelten sie sich zu dem, was während des Krieges als „Freibeuter" bekannt war, die, wenn sie einen Stall voller Pferde oder etwas leicht Transportierbares fanden, es mitnahmen, und zwar ganz gleich, ob der Eigentümer nun Abolitionist oder Sezessionist war.

Es war ein Raubüberfall und Mord von einer dieser Banden der Kansas Jayhawkers, die dem Bürgerkrieg Quantrill, das Oberhaupt der Guerillas, bescherte.

Als junger Mann von 20 Jahren hatte William Clarke Quantrill sich 1855 zu seinem Bruder in Kansas gesellt und war mit ihm über Land auf dem Weg nach Kalifornien, als eine Bande von Jayhawkers unter dem Kommando von Captain Pickens, wie später bekannt wurde, ihr Lager in der Nähe des Cottonwood River plünderte; den älteren Jungen töteten sie, den jüngeren ließen sie für tot zurück und schafften ihre Wertsachen fort.

Aber dank der Pflege von freundlichen Indianern überlebte Charles Quantrill.

Er änderte seinen Namen in Charley Hart, suchte die Jayhawkers, schloß sich Pickens' Gesellschaft an und offenbarte sich niemandem. Quantrill und drei andere wurden ausgesandt, um einen „Schmugglerzug" voller Neger aus Missouri in Empfang zu nehmen. Einer aus der Gruppe kam nicht zurück.

Zwischen Oktober 1857 und März 1858 verlor Pickens' Kompanie 13 Männer. Die Beförderung erfolgte schnell. Charley „Hart" wurde zum Lieutenant erhoben.

Niemand hatte in ihm den Jungen erkannt, der zwei Sommer zuvor für tot zurückgelassen worden war, sonst wäre Captain Pickens in seinen vertraulichen Gesprächen vorsichtiger gewesen. Eines Nachts erzählte er dem jungen Lieutenant die Geschichte eines Überfalls auf ein Auswandererlager am Cottonwood River; daß der Tote kein Leichentuch erhalten hatte; der Verwundete keine Decke; wie die Maultiere verkauft wurden und der Erlös verspielt wurde.

Aber Lieutenant „Harts" Maske verriet nichts.

Drei Tage später wurden Pickens und zwei seiner Freunde tot am Bull Creek aufgefunden.

Colonel Jim Lanes Bursche prahlte eines Nachts bei einem Bankett betrunken mit der Cottonwood-Affäre. Der Bursche wurde bald darauf tot aufgefunden.

Quantrill erzählte einem Freund, daß von den 32 Männern, die an der Ermordung seines Bruders beteiligt waren, nur zwei am Leben blieben, da sie nach Kalifornien gezogen wären.

Am Kampf in Carthage im Juli 1861 nahm Quantrill in Captain Stewarts Kavalleriekompanie teil. Ich war dort als gemeiner Soldat in der Staatsgarde und kämpfte unter Price. Dann kam General Lyons tödlicher Angriff am Wilson's Creek und General Price' Marsch auf Lexington, um Colonel Mulligan und sein Kommando zu vertreiben. Hier gelangte Quantrill zum ersten Mal an die Öffentlichkeit. Sein rotes Hemd stand bei jedem Vorstoß in der ersten Reihe; er war einer der letzten, als die Männer zurückfielen.

Nach Lexington ging Quantrill mit dem Kommando bis zum Osage-Fluß, und kam dann, mit dem Einverständnis seiner Offiziere, wieder die Grenze zu Kansas herauf, um einige alte Rechnungen mit den Jayhawkers zu begleichen.

3.
Von Zuhause vertrieben

Ich war erst siebzehn, als Colonel Mockbee in seinem Haus in Harrisonville eine Tanzparty für seine Tochter gab, die für einige von uns, die dort waren, böse enden sollte.

Der Colonel war ein Südstaatler, und auch seine Tochter besaß den Geist einer Südstaatlerin. Wahrscheinlich war das der Grund, der die jungen Missouri-Milizionäre, die in Harrisonville stationiert waren, dazu anreizte, sich selbst zur Party des Colonels einzuladen. Unter ihnen war Captain Irvin Walley, der, obgleich er ein verheirateter Mann war, besonders widerwärtig seine Aufmerksamkeit auf die jungen Frauen richtete. Meine Schwester weigerte sich, mit ihm zu tanzen, und er fing einen Streit mit mir an.

„Wo ist Quantrill?", fragte er mich mit einem höhnischen Lächeln.

„Ich weiß es nicht", antwortete ich.

„Du bist ein Lügner", fuhr er fort, und als er zu Boden ging, zog er seine Pistole, aber Freunde trennten uns, und auf ihre Aufforderung hin ging ich nach Hause und teilte meinem Vater mit, was geschehen war. Er sagte mir, ich solle auf die Farm in Jackson County fahren und mich von dem Konflikt fernhalten, den Walley offensichtlich zu erzwingen entschlossen war. Am nächsten Morgen reiste ich ab. In dieser Nacht kamen Walley und eine Bande seiner Kundschafter zum Haus meines Vaters und verlangten, daß er mich ihnen ausliefern sollte, weil ich ein Spion wäre und mit Quantrill in Verbindung stände. Mein Vater sagte, daß dies eine Lüge sei.

Obwohl er ein Sklavenhalter war, hatte mein Vater nie mit der Sezession sympathisiert, da er glaubte, wie es sich auch tatsächlich bewahrheitete, daß dies das Ende der Sklaverei bedeutete. Er war für die Union, trotz seiner natürlichen Neigungen zur Sympathie mit dem Süden.

Meinem Vater wurde ein Auslieferungsbefehl von Colonel Neugent übermittelt, der für die Miliz in Harrisonville verantwortlich war, und mir erneut vorwarf, daß ich ein Spion sei. Ich habe nie daran gezweifelt, daß seine Handlungen auf die Feindschaft von Walley zurückzuführen waren. Meine Eltern wollten, daß ich in einem anderen Ort in die Schule gehe. Ich wäre gerne geblieben und hätte gekämpft, und obwohl ich zugestimmt hatte, wegzugehen, war es zu spät: mir blieb keine andere Wahl, als es auszufechten. An jedem Bahnhof hielt man nach mir Ausschau, und die einzige Schule, die ich erreichen konnte, war die nahe gelegene Schule des Krieges.

Bewaffnet mit einer Schrotflinte und einem Revolver ging ich in die Nacht hinaus und wurde ein Wanderer.

Der sofortige Tod für alle Personen, die in Missouri Waffen trugen, war das Edikt, das am 30. August desselben Jahres vom Hauptquartier General John C. Fremonts in St. Louis ausging und er erklärte, daß alle Sklaven von Personen, die die Waffen gegen die Vereinigten Staaten erhoben, frei wären. Präsident Lincoln lehnte das prompt ab, aber es hatte zu der Verbitterung in Missouri beigetragen, wo viele Männer, die Sklaven besaßen, der Sezession bisher noch entgegen gestanden hatten.

Danach hieß es für mich „verstecken und rennen". In diesem Winter gesellten sich mein Schwager John Jarrette und ich zu Captain Quantrills Kompanie. Jarrette war befehlshabender Sergeant. Er kannte keine Angst, und die Vierzig, die damals die Kompanie bildeten, waren so tapfere Männer, wie keine anderen.

Wir waren nicht lange untätig. Burris hatte eine plündernde Abteilung in der Nähe von Independence. Wir haben ihr Lager bei Sonnenuntergang überfallen. Wir waren zweiunddreißig, sie vierundachtzig, aber wir waren gute Schützen und eine Salve brachte ihre Reihen in völlige Verwirrung. Fünf fielen bei der ersten Salve, und sieben weitere starben bei der anschließenden Verfolgung, während die anderen es nach Independence schafften, wo die Anwesenheit des restlichen Regiments sie rettete. An diesem Tag zeigten meine unermüdlichen Schießübungen ihren Wert, als einer der Milizionäre 71 Meter entfernt fiel. Das war am 10. November 1861.

Den ganzen Winter hindurch war Independence Schauplatz eines blutigen Krieges. Eines frühen Tages Anfang Februar liefen Captain Quantrill und David Pool, Bill Gregg und George Shepherd, George Todd und ich jeweils paarweise durch drei Straßen zum Gerichtsgebäude, andere Mitglieder der Kompanie kamen durch andere Straßen. Wir hatten elf Verwundete, aber wir kamen mit Munition und anderen dringend benötigten Hilfsmitteln davon. Sieben Milizionäre sind an diesem Tag gestorben.

Ein weiterer Angriff, bei Tagesanbruch des 21. Februar, ging schlecht aus. Statt der einen Kompanie, die wir erwartet hatten, waren es vier. Obwohl wir siebzehn töteten, haben wir einen Mann verloren, den jungen George, der so nahe bei den Geschützen des Feindes fiel, daß wir beträchtliche Schwierigkeiten hatten, ihn zur Beerdigung fortzubringen. Dann lösten wir uns für einige Zeit auf. Captain Quantrill glaubte, daß es schwieriger sei, einen Mann aufzuspüren als eine Kompanie, und so fiel die Kompanie alle naselang auseinander, um sich im Nu wieder zu sammeln.

4
Die mißlungene Falle

Im März plante Quantrill, Independence anzugreifen. Wir trafen uns bei David George und gingen von dort in Richtung Independence bis zur Little Blue Church, wo Allen Parmer, der später Susie James, die Schwester von Frank und Jesse, heiratete, dem Captain erzählte, daß es in Independence statt 300 Jayhawkers 600 gab. Die Übermacht war zu stark, und wir schwenkten nach Südwesten.

Die dreizehn Soldaten, die die Brücke am Big Blue bewachten, stellten fest, daß ihre Zahl eine unglückliche war. Die Brücke wurde niedergebrannt und wir aßen an diesem Tag bei Alexander Majors, vom Frachtunternehmen Russell, Majors & Waddell, zu Abend und ruhten uns über Nacht in Major Tales Haus in der Nähe von New Santa Fe aus, wo es mit Sicherheit vor Tagesanbruch Kämpfe geben würde.

Ein 300-köpfiges Milizen-Kommando kam heraus, um uns festzusetzen, aber sie warteten bis fast Mitternacht, ehe sie einen Angriff riskierten.

Captain Quantrill, John Jarrette und ich schliefen, als der Alarm ausgelöst wurde: die Frage des Wachtpostens „Wer bist du?“, gefolgt von einem Pistolenschuß.

Wir waren in einem Augenblick auf den Beinen.

Sie hatten sich so verstohlen genähert, daß sie den Posten von uns abgeschnitten hatten, bevor er sie bemerkte, und er floh unter einem Bleihagel ins Gehölz.

Es klopfte heftig an der Außentür, und eine tiefe Stimme rief: „Macht Licht.“

Quantrill lauschte von innen und feuerte durch die Bretter. Der Besucher fiel.

Während wir die Fenster mit Bettzeug verbarrikadierten, rief der Captain seine Männer zusammen. „Jungs“, sagte er, „wir sind in einer schwierigen Lage. Wir können hier nicht bleiben und ich beabsichtige nicht mich zu ergeben. Alle, die mir folgen wollen, können das sagen; alle, die lieber aufgeben wollen, können das auch sagen. Ich werde für sie tun, was ich kann."

Vier stimmten dafür, sich zu ergeben, und gingen zur belagernden Partei hinaus, siebzehn blieben zurück.

Quantrill, James Little, Hoy, Stephen Shores und ich besetzten das obere Stockwerk, Jarrette, George Shepherd, Toler und andere das untere.

Als die Milizionäre neugierig sehen wollten, wer ihre Gefangenen waren, verließen sie ihre Deckung, was sie sechs Mann kostete. Würden sie Major Tales Familie erlauben zu fliehen? Ja, das taten sie. Sie waren nur zu froh darüber, denn mit der Familie draußen bot sich der Anbau, der nicht von unserem Gewehrfeuer gedeckt war wurde, als eine verlockende Stelle für einen Brandherd an.

Kaum waren die Tales fort, als auch schon die Flammen am Anbau emporzusteigen begannen.

Es kam zu neuen Verhandlungen. Hätten wir zwanzig Minuten Zeit? Zehn? Fünf?

Zurück kam die Antwort:

„Ihr habt eine Minute. Wenn ihr euch bis dahin nicht ergeben habt, soll kein einziger unter euch mit dem Leben davonkommen."

„Dankeschön", sagte ich; „bevor ihr uns aufhängen könnt, müßt ihr uns erst einmal bekommen."

„Dann zählt bis sechs und seid verdammt!", rief George Shepherd zurück, der feilschen wollte, und Quantrill sagte ruhig: „Schrotflinten nach vorne."

Es gab sechs davon, und hinter ihnen kamen die, die nur Revolver hatten. Dann öffnete Quantrill die Tür und sprang hinaus. Dicht hinter ihm waren Jarrette, Shepherd, Toler, Little, Hoy und ich und hinter uns die Revolver.

In kürzerer Zeit, als es zu erzählen dauert, war der Ansturm vorbei. Wir hatten fünf verloren, Hoy wurde mit einer Muskete niedergeschlagen und gefangen genommen, während auf der anderen Seite achtzehn getötet und neunundzwanzig verwundet wurden. Wir rannten, bis wir in den Wald kamen, aber es gab keine wirkliche Verfolgung. Die Kühnheit der Sache hatte den Truppen einen Vorgeschmack auf etwas Neues gegeben.

Sie hielten Hoy mehrere Monate in Leavenworth gefangen und hängten ihn dann auf. Dies war das unvermeidliche Ende eines „Guerilla", wenn er gefangen genommen wurde.

5.
Wahrhaftige Rache

Unter den Leuten von Jackson County, die auf ihrem Recht bestanden, ihre Freunde zu beschützen, war ein alter Mann namens Blythe.

Colonel Peabody hatte in Independence einen Kundschaftertrupp ausgesandt, um mich oder irgend jemanden aus der Kompanie zu finden, den sie „zusammenschlagen" konnten. Blythe war nicht zu Hause, als sie kamen, aber sein zwölfjähriger Sohn war daheim. Sie brachten ihn in die Scheune und versuchten herauszufinden, wo wir waren, aber der kleine Kerl hielt sie hin, bis er eine günstige Gelegenheit sah, der Bewachung zu entkommen, und rannte zum Haus.

Er erreichte es sicher, griff nach einer Pistole und lief in den Wald, gefolgt von einem Kugelhagel. Sie erwischten ihn bald, aber er rollte er sich im Fallen zur Seite, schoß einen seiner Verfolger tot, verwundete einen zweiten tödlich und verletzte einen dritten schwer.

Sie jagten siebzehn Kugeln in ihn, bevor er ein viertes Mal schießen konnte.

Ein Negerdiener, der den Angriff auf seinen jungen Herrn miterlebt hatte, war in den Wald geflohen und stieß auf eine Gruppe von einem Dutzend von uns, einschließlich Quantrill und mir. Als er uns die Geschichte schnell erzählt hatte, trafen wir unsere Vorbereitungen und legten uns am „Blue Cut" auf die Lauer, einem tiefen Paß auf der Straße, die die Soldaten zurück nach Independence nehmen mußten.

Die Felswände sind etwa zehn Meter hoch und der Einschnitt ungefähr fünfzig Meter breit.

Kein Schuß sollte abgefeuert werden, bis das gesamte Kommando im Einschnitt war.

Achtunddreißig hatten begonnen, Cole Younger an diesem Morgen „einzukreisen"; siebzehn von ihnen lagen am Ende dieser Nacht tot im Einschnitt und der Rest von ihnen erlebte eine lebhafte Jagd auf Independence. Bis heute kennen alte Anwohner den Blue Cut als „den Schlachthof".

Anfang Mai 1862 wurden Quantrills Männer für einen Monat aufgelöst. Es wurden Pferde und Munition benötigt. Es gab reichlich Pferde in Missouri, die Munition stellte eher ein Problem dar. Captain Quantrill, George Todd und ich gingen als Unionsoffiziere verkleidet nach Hamilton, einer kleinen Stadt an der Bahnstrecke zwischen Hannibal und St. Joseph, wobei wir von der Kompanie der Siebten US - Kavallerie im dortigen Lager nicht entdeckt wurden, obwohl wir im größten Hotel unterkamen. Todd ging als Major der

Sechsten Missouri-Kavallerie, Quantrill als Major in der Neunten und ich als Captain in einem Illinois-Regiment. Bei Hannibal gab es ein Regiment von Konföderierten. Der Kommandant sprach sehr frei mit uns über Quantrill, Todd, Haller, Youngster, Blunt, Pool und andere Guerillas, von denen er gehört hatte.

Während wir in Hannibal waren, kauften wir 50.000 Zündhütchen und andere Munition, die wir brauchten. Von dort gingen wir nach St. Joseph, das unter dem Kommando von Colonel Harrison B. Branch stand.

„Zu viele Majors, die zusammen reisen, sind wie zu viele Rosen in einem Strauß", meinte Todd. „Die anderen Blumen kommen zu kurz."

Er degradierte sich zu einem Captain und mich zu einem Lieutenant.

Unsere Verkleidung blieb unentdeckt. Colonel Branch bewirtete uns sehr gastfreundlich in seinem Hauptquartier.

„Ich hoffe, daß Sie einen Guerillakiller mit jeder Kugel töten können, die ich Ihnen verkauft habe", sagte ein Händler zu mir. „Ich denke, wenn es jemals einen Haufen losgelassener Teufel gab, dann sind es Quantrill, Todd, Cole Younger und Dave Pool."

Von St. Joseph fuhren wir in einem Wagen nach Kansas City und schickten Todd mit der Munition nach Jackson County. Als wir drei Meilen von Kansas City entfernt waren, wurde der Wagen bei den Außenposten von einem Soldaten angehalten, und während der Fahrer mit der Wache verhandelte, schlüpften Quantrill und ich auf die andere Seite des Wagens heraus und machten uns auf den Weg zu William Bledsoes Farm, wo wir in freundlichen Händen waren.

6.
Innerhalb feindlicher Linien

Colonel Buell, dessen Garnison mit 600 Mann Independence besetzte, hatte angeordnet, daß jeder männliche Bürger des Jackson County zwischen 18 und 45 Jahren gegen den Süden kämpfen solle.

Colonel Upton Hays, der im Juli und August 1862 im Jackson County war und ein Regiment für die konföderierte Armee rekrutierte, entschied, daß es an der Zeit sei, einen entscheidenden Befreiungsschlag von Buell zu machen. Bei der Erkundung der Umgebung nahm er Dick Yager, Boone Muir und mich mit, die alle unter Captain Quantrill Dienst geleistet hatten.

Es wurde schließlich beschlossen, den Angriff am 11. August zu machen. Colonel Hays wollte genaue Informationen über die Lage der Dinge in der Stadt.

„Überlassen Sie das mir", sagte ich.

Drei Tage blieben noch bis zur Schlacht.

Am nächsten Morgen ritt in Independence eine alte Apfelverkäuferin an die Wachposten, deren graue Haare und ein großer Teil ihres Gesichtes fast von einer altmodischen und verblichenen Sonnenhaube verdeckt waren. Die Brille verbarg halb ihre Augen und ein Korb auf ihrem Arm war mit Rüben, Bohnen und Äpfeln beladen.

Der linke Zügel war aus Leder, der rechte aber war durch ein Seil ersetzt worden.

„Guten Morgen, Großmutter", sagte der erste Wachsoldat. „Braucht die Rebellenernte in deinem Land Regen?"

Der Sergeant am Reserveposten griff nach ihren Zügeln und sagte: „Wärst du jünger und hübscher, würde ich dich küssen."

„Wäre ich jünger und hübscher, würde ich dir die Ohren für deine Unverschämtheit langziehen."

„Oho! Du alte Wölfin, was hast du für garstige Krallen!", entgegnete er und griff nach ihrer Hand.

Die schnelle Bewegung, die sie machte, erschreckte das Pferd plötzlich, oder vielleicht war es auch erschrocken, als es die Hand spürte.

Aber das Pferd war besser als die, welche Apfelfrauen normalerweise reiten, und das erweckte in Colonel Buells Hauptquartier etwas Verdacht, so daß der Ritt von einem Soldaten zu Pferde unterbrochen wurde, der neben ihr galoppierte, und wieder wurde ihr Zaumzeug ergriffen.

Der Sergeant und acht Männer der Wache waren vielleicht dreißig Schritt zurück.

„Was willst du von mir?", fragte die Apfelfrau. „Ich bin nur eine arme einsame Frau, die friedlich nach Hause geht."

„Verdammt, hast du nicht gehört, daß der Sergeant nach dir ruft?", antwortete der Wächter.

Ein Stiefel mit Sporen bohrte sich unter dem zerlumpten Rock in die Flanke des Pferdes; die Hand, die aus dem Apfelkorb kam, feuerte die geladene Pistole ab, ehe der Posten wußte, wie ihm geschah, und der Soldat fiel tot um.

Die Reserve stand wie betäubt.

In dieser Nacht gab ich Quantrill im Auftrag von Colonel Hays einen Plan, der die Lage der Dinge in Independence zeigte.

Am Morgen des 11. wurde der Angriff gewagt und Colonel Buell, dessen Stellung in Stücke geschossen war, ergab sich.

Der Feldzug der Apfelfrau war ein Erfolg gewesen.

7.
Der einsame Jack

Es war im August 1862, fast ein Jahr nach der Party bei Oberst Mockbee, daß ich von Colonel Gideon W. Thompson offiziell in die Armee der Konföderierten Staaten von Amerika aufgenommen wurde. Ich war achtzehn und hatte Colonel Hays einige Zeit lang dabei geholfen, ein Regiment in der Gegend um meine alte Heimat zu rekrutieren.

Es war innerhalb von ein oder zwei Tagen nach der Kapitulation von Buell bei Independence, daß ich als First Lieutenant in Captain Jarrettes Kompanie in Colonel Upton B. Hays Regiment gewählt wurde, das ein Teil der Brigade von General Joseph O. Shelby war.

Wir leisteten den Eid, vielleicht 300 von uns, auf Luther Masons Farm, – ein paar Meilen von dem Ort entfernt, wo ich jetzt schreibe – wo Colonel Hays nach Independence sein Lager aufgeschlagen hatte. Millionen von Jungen und Männern haben mit gesträubten Haaren von dem schrecklichen „schwarzen Eid" gelesen, der von diesen tapferen Kämpfern abgenommen worden sein sollte, von dem sie aber nie gehört haben, ebensowenig wie ich, bis ich davon in Büchern gelesen habe, die lange nach dem Krieg veröffentlicht wurden.

Als Colonel Hays auf den Farmen Cowherd, White, Howard und Younger kampierte, hatte man Quantrill zurückgelassen, um die Zufahrtswege nach Kansas City zu bewachen und die Flucht der verstreuten Konföderiertenkommandos, die im Westen von Missouri rekrutierten, an diesem Punkte zu verhindern. Zu gleicher Zeit erhielt er aus Chicago und St. Louis und anderen Quellen Informationen über die nördlichen Armeen, die den konföderierten Offizieren im Süden von Kurieren überbracht wurden, und er verbarg entlang des Missouri-Rivers Fluß- und Fährboote, um den konföderierten Offizieren, die nördlich des Flusses rekrutieren, freien Zugang zum Süden zu ermöglichen.

In der Nacht, in der ich angeworben wurde, schickte mich Colonel Hays zu den Colonels Cockrell, Coffee, Tracy, Jackman und Hunter, die mit den Überresten von Regimentern, die in verschiedenen Schlachten im Süden aufgerieben worden waren, zu Colonel Hays' Kommando stießen.

Es war Colonel Hays' Plan, daß sie sich ihm am fünfzehnten anschließen sollten, und nach einem Tag Pause sollte das gesamte

Kommando Kansas City angreifen, und, unter anderen Vorteilen, die sich aus dem Sieg dort ergeben würden, sich die Kontrolle über die Dampffähre von Weller sichern.

Boone Muir und ich trafen Coffee und den Rest unterhalb von Rose Hill am Grand River. Colonel Cockrell, der aus dem Johnson County stammte, hatte einen anderen Weg eingeschlagen, in der Hoffnung, unter seinen Nachbarn neue Rekruten zu finden. Als Senior Colonel hatte er den Rest des Kommandos angewiesen, am nächsten Abend bei Lone Jack ihr Lager aufzuschlagen, einem kleinen Dorf im südöstlichen Teil des Jackson County, so genannt nach einem einzeln stehenden, großen Blackjack-Baum, einer Schwarzeiche, die auf einem offenen Feld in einem Umkreis von fast einer Meile jeden anderen Baum überragte.

Am Mittag des 15. August hatten Muir und ich vierundzwanzig bis dreißig Stunden im Sattel gesessen, und ich warf mich ins Gras, um zu schlafen.

Colonel Hays, wollte jedoch nach wie vor, daß das andere Kommando sich ihm anschloß, er hatte viel Futter für die Pferde, und war dank der Einnahme von Independence wenige Tage zuvor gut mit Munition ausgestattet. Dementsprechend wurde ich kurzerhand geweckt, um ihn nach Lone Jack zu begleiten, wo er den anderen Colonels die Lage persönlich mitteilen wollte.

Inzwischen war jedoch Major Emory L. Foster, der in Lexington das Kommando führte, auf der Suche nach Quantrill, um Rache wegen Independence zu üben. Foster hatte fast 1.000 Kavalleristen und zwei Exemplare der Rabb's Indiana-Batterie, die sich bereits einen Namen bei harten Kämpfen gemacht hatten. Er hatte nicht im Traum an die Anwesenheit von Cockrell und seinem Kommando gedacht, bis er in Lone Jack über sie stolperte.

Bei Einbruch der Dunkelheit eröffnete die Indiana-Batterie das Feuer auf Lone Jack, und die Kommandos der Konföderierten wurden in zwei Teile geteilt, Coffee wich nach Süden aus, während Cockrell sich nach Westen zurückzog, und als Colonel Hays und ich ankamen, hatten seine Männer sich zum Kampf aufgestellt, während die Offiziere sich in seinem Quartier berieten.

„Kommen Sie herein, Colonel Hays", rief Oberst Cockrell aus. „Wir haben gerade einen Läufer geschickt, der Sie aufspüren sollte. Wir wollen Foster angreifen und ihn am Morgen schlagen. Er wird ein nettes kleines Frühstück sein."

Colonel Hays schickte mich zurück, um sein Kommando aufzustellen, sagte aber nach nochmaligem Nachdenken:

„Nein, Lieutenant, ich werde auch gehen."

Auf dem Rückweg fragte er mich, was ich davon hielte, daß Foster ein „schnelles Frühstück" sei.

„Ich denke, er wird ziemlich zähes Fleisch zum Frühstück sein", antwortete ich. „Für das Abendessen könnte er in Ordnung sein."

Aber Cockrell und Foster waren Nachbarn in Johnson County, und Cockrell hatte in dieser Nacht keine so gute Meinung von Fosters Kampfqualitäten wie vierundzwanzig Stunden später.

Der Kampf begann bei Tagesanbruch, aus heiterem Himmel, ein zufälliger Schuß ließ Fosters Männer Alarm schlagen. Fünf Stunden lang tobte der Kampf, die meiste Zeit über die Hauptstraße, die nicht mehr als sechzig Fuß breit war, und während dieser fünf Stunden fühlte jeder Rekrut das Gewicht von General Shermans Charakterisierung „Krieg ist die Hölle".

Jackman stürmte mit einer Truppe von dreißig erfahrenen Männern auf die Indiana-Batterien los und sicherte sie, aber Major Foster führte einen beherzten Angriff gegen die Invasoren und eroberte die Stücke zurück. Wir hatten keine Munition mehr und wären hilflos gewesen, wäre der Kampf weitergegangen.

Wir fuhren zu der Schnapsbrennerei, in der wir die Munition zurückgelassen hatten, die wir vor ein paar Tagen aus Independence mitgenommen hatten. Ich erhielt einen frischen Vorrat und machte mich im Galopp auf den Weg.

Von diesem verrückten Ritt in das Lager erinnere ich mich an nichts anderes, als daß ich mein Pferd in voller Geschwindigkeit laufen ließ, bevor ich in die Schußlinie kam. Obwohl der Feind innerhalb von 150 Metern war, wurde ich nicht verletzt. Die Kugeln haben jedoch meine Kleidung an ein oder zwei Stellen angeritzt. Major Foster schrieb in einem Brief an Richter George M. Bennett aus Minneapolis:

„Während des Kampfes wurde meine Aufmerksamkeit auf einen jungen Konföderierten gelenkt, der vor der Linie der Konföderierten ritt und an die Männer Munition aus etwas verteilte, das ein „Spankorb" zu sein schien. Er ritt unter einem andauernden Feuerhagel von unserer Seite her die ganze Länge der Linien der Konföderation ab, und als er endlich verschwunden war, erkannten unsere Jungen seine Tapferkeit in klingendem Beifall an. Einige unserer Männer von der Westgrenze des Staates sagten mir, daß sie den mutigen jungen Reiter als Cole Younger erkannten. Gegen 9:30 Uhr wurde ich niedergeschossen. Die Verwundeten beider Seiten wurden eingesammelt und in Häusern untergebracht. Mein Bruder und ich, die wir beide für tödlich verwundet gehalten wurden, lagen im selben Bett. Ungefähr eine Stunde nachdem die Konföderierten das Feld verlassen hatten, versammelte der ranghöchste Offizier, der das Kommando übernahm, als ich bewußtlos wurde, seine Männer und kehrte nach Lexington zurück. Bald danach kehrten die Konföderierten zurück. Der erste Mann, der mein Zimmer betrat, war ein Guerillakämpfer, gefolgt von einem Dutzend oder mehr Männern, die ihm zu gehorchen schienen. Er war mir persönlich bekannt und war vor dem Krieg mein Feind gewesen. Er sagte, er und seine Leute hätten gerade einen Lieutenant einer Cass County Kompanie erschossen, den sie verwundet gefunden hätten und er würde auch mich und meinen Bruder erschießen. Während er über uns stand und uns mit seiner gezogenen Pistole bedrohte, stürzte der junge Mann, der Munition vor der Reihe der Konföderierten verteilt hatte, von der westlichen Tür in den Raum, ergriff den Kerl und stieß ihn aus dem Raum. Mehrere Konföderierte folgten dem jungen Mann in den Raum, und ich hörte, daß sie ihn Cole Younger nannten.

Er (Younger) schickte nach Colonel Cockrell (diensthabender Kommandant der konföderierten Truppen) und erklärte ihm den Fall. Er nannte den jungen Mann ebenfalls Cole Younger, und wies ihn an, das Haus zu bewachen, was er auch tat. Mein Bruder hatte ungefähr 300 Dollar bei sich, und ich ungefähr 700. Dieses Geld und unsere Revolver wurden, mit dem Wissen und der Billigung von Cole Younger, in sichere Hände gelegt und schließlich an meine Mutter in Warrensburg, Missouri, ausgeliefert. Cole Younger besaß damals sicherlich einen hohen Grad von Ehrenhaftigkeit, und war jeder Zoll ein Soldat, der sein eigenes Leben riskierte, um das der verletzten und behinderten Feinde zu schützen. Ich glaube, daß er diese Qualitäten noch immer besitzt und sich als ein guter Bürger erweisen würde, wenn er freigelassen wird, und für die „Stars and Stripes" ebenso furchtlos kämpfen würde, wie er für die Fahne des Südens tat. Ich habe ihn seit der Schlacht von Lone Jack nicht mehr gesehen.

Ich weiß viel von den Bedingungen und Umständen, unter denen die Youngers nach dem Krieg untergebracht wurden, und da ich dies weiß, empfinde ich großes Mitgefühl für sie. Viele Männer, die heute prominente und nützliche Bürger von Missouri sind, waren, wie die Youngers, nicht in der Lage, in ihre Häuser zurückzukehren, bis sie durch einen glücklichen Zufall mit Männern zusammengebracht wurden, die sie vor dem Krieg kennengelernt hatten und die den nötigen Einfluß hatten, um ihnen ihre Rückkehr zu Frieden und Nützlichkeit zu erleichtern. Wenn dies den Youngers begegnet wäre, hätten sie in Missouri ein gutes Heim gehabt."

Major Fosters Überraschung des Kommandos bei Lone Jack verdankt Kansas City, daß es am 17. August 1862 nicht zum Schauplatz eines harten Kampfes wurde.

Quantrill war überhaupt nicht im Kampf um Lone Jack dabei, aber Jarrette und Gregg kamen gegen Ende mit einigen von Quantrills Leuten hinzu und waren bei der Verfolgung nach Lexington dabei. Im Verhältnis zu der Anzahl der Männer war Lone Jack einer der härtesten Kämpfe des Krieges. In dieser Nacht gab es 136 Tote und 550 Verletzte auf dem Schlachtfeld.

8.
Ein übles Verbrechen

Mit zwei großen Farmen im Jackson County, und außerdem gut gehenden Geschäften und einem Mietstall in Harrisonville, war mein Vater bei Ausbruch des Krieges über den Durchschnitt der Menschen im Nordwesten von Missouri hinaus wohlhabend. Als Postunternehmer waren seine Ställe mit guten Pferden gefüllt, und sein Besitz war gut und gerne 100.000 Dollar wert, was damals viel mehr wert war, als es jetzt ist.

Dies machte ihn, vielleicht ebenso wie Walleys Feindseligkeit mich, zum Ziel der Freibeuter, die die Grenze zu Kansas heimsuchten. In einem von Jennisons ersten Raubzügen wurde der Younger-Stall in Harrisonville überfallen und Pferde und Wagen im Wert von 20.000 Dollar erbeutet. Diese Übung wurde den Jayhawkers zur Gewohnheit, und solche Besuche häuften sich bis zum folgenden Herbst, als sie meiner Familie die schlimmste aller Demütigungen antaten – den Mord an meinem Vater.

Als die Leiche entdeckt wurde, wurde sie von Captain Peabody, der das Kommando über die Miliz in Kansas City führte, in Verwahrung genommen, und als er 2.000 Dollar fand, die mein Vater als Vorsichtsmaßnahme in seinen Gürtel versteckt hatte, wurde es zu unserer Familie nach Hause geschickt.

Es wurde behauptet, daß mein Vater versucht habe, seine Pistole auf eine Gruppe von Soldaten zu ziehen, die mich des Mordes an einem ihrer Kameraden verdächtigten und meinen Aufenthaltsort erfahren wollten. Das ist falsch. Mein Vater trug meines Wissens nie eine Pistole, und ich trug niemals irgendeinen Zweifel, daß die Bande, die ihn tötete, von jenem Captain Walley angeführt wurde. Tatsächlich wurde er zu der Zeit verdächtigt, des Mordes angeklagt und verhaftet, aber seine Kameraden fabrizierten ein Alibi, das das Gerichts zufrieden stellte, und er wurde entlassen.

Er ist jetzt tot, und wahrscheinlich ruht er nun bequemer, als er es nach dieser Nacht im Jahre 1862 je getan hat, denn ob er ein Gewissen hatte oder nicht, er wußte, daß die Leute in Missouri sich nur zu gut erinnerten.

Aber die Freibeuter waren noch nicht fertig.

Meine Schwestern wurden in Gefangenschaft genommen, ebenso wie die Mädchen anderer Familien, deren Söhne sich der Konföderiertenarmee angeschlossen hatten. Ihre Entführer hofften auf diese Weise, die Jungen aus dem Süden so zu erschrecken, daß sie zur Kapitulation bereit wären.

Nachdem das Haus meiner Mutter niedergebrannt worden war, nahm sie ihre Kinder und ging nach Lafayette County. Milizsoldaten folgten ihr, schossen auf Jim, mit vierzehn der älteste der Jungen zu Hause, und trieben ihn in den Wald. Kein Wunder, daß er seinem Bruder als Soldat folgte, als er 1864 alt genug wurde!

Verzweifelt suchte meine Mutter südlich des Missouri nach Frieden; sie ging in den Clay County, und blieb dort bis zum Ende des Krieges zwischen den Staaten. Aber der Krieg gegen sie hatte noch nicht geendet. Ein Mob, unter dem sie einige der Männer erkannte, die ganz bestimmt meinen Vater ermordet hatten, überfiel sie in ihrem Haus, nachdem sie nach Jackson County zurückgekehrt war, durchsuchte das Haus nach Jim und mir, hängte John, vierzehn, an einen Balken, und man sagte ihm, er solle seine Gebete sprechen, denn er hätte nur noch wenig Zeit zu leben, wenn er nicht erzählte, wo seine älteren Brüder wären. Er widersetzte sich ihnen und wurde viermal aufgehängt. Beim vierten Mal schnitt das Seil tief ins Fleisch. Der Junge wurde bewußtlos. Nachdem sie brutal mit Messern auf seinen Körper eingehackt hatten, ließen sie ihn für tot zurück. Das war früh im Jahre 1870.

Am 2. Juni dieses Jahres, noch bevor John sich wieder von seinen Verletzungen erholt hatte, starb unsere Mutter.

9.
Wie Elkins entkam

Es war ungefähr in der ersten Woche im Oktober 1862, als ich mit einem Dutzend Männer im Haus von Richter Hamilton am Big Creek im Cass County Halt machte. Wir verbrachten den Nachmittag dort, und kurz bevor wir gingen, stürzte John Hays, aus meinem Kommando, mit der Nachricht herein, daß Quantrill nur zwei Meilen westlich lagern würde. Er gab mir auch die noch wichtigere Information, daß einige von Captain Parkers Männern Steve Elkins wegen des Vorwurfs verhaftet hatten, ein Unionsspion zu sein, und ihn ins Lager von Quantrill brächten, um ihn aufzuhängen.

Ich verlor keine Zeit mit Aufsatteln und ritt, gefolgt von meiner kleinen Abteilung, eilig zu Quantrills Lager, denn in jenen Tagen ging es noch unbürokratisch zu, und es galt, schnell zu handeln, wenn etwas erledigt werden mußte.

Ich kannte Quantrill und seine Leute gut und war mir auch bewußt, daß es im Lager mehrere konföderierte Offiziere gab. Als wir unser Ziel erreichten, ging ich sofort zu Captain Charles Harrison, einem der Offiziere und meinem herzlichen persönlichen Freund, und erzählte ihm offen von meiner Freundschaft und Wertschätzung für Elkins. Er versprach, mir all seine Hilfe zu leisten und seinen Einfluß geltend zu machen, und ich eilte los, um Quantrill zu sehen, nachdem ich zuerst meinen Männern gesagt hatte, sie sollten ihre Pferde gesattelt lassen, damit sie für den Fall, daß mir die friedliche Befreiung mißlang, für eine Rettung und den Rückzug bereit wären.

Quantrill empfing mich wie gewöhnlich höflich und freundlich, und nach einer kleinen Unterhaltung sagte ich wie nebenbei: „Ich bin überrascht, daß Sie meinen alten Freund und Lehrer, Steve Elkins, als Gefangenen im Lager haben."

„Was! Kennst du ihn?", fragte Quantrill erstaunt.

Ich sagte ihm, daß ich es täte, und daß er mein Schullehrer gewesen sei, als der Krieg ausbrach, auch, daß etwa fünfzig andere Schüler von Elkins jetzt in der Armee für den Süden kämpften.

„Wir sorgen uns alle sehr um ihn", sagte ich zu Quantrill und fragte dann, welche Vorwürfe gegen ihn vorgebracht würden. Er erklärte, daß Elkins nicht auf seinen Befehl hin verhaftet worden sei, sondern von einigen von Parkers Männern, die wegen des kürzlichen Todes ihres Anführers in böser Stimmung waren. Sie hatten Quantrill gesagt, daß Elkins sich den Kräften der Union in Kansas City angeschlossen hatte und jetzt als Spion im Cass County war.

Ich sprang auf und sagte, daß die Männer, die die Anklage gemacht hatten, logen und daß ich bereit sei, ihnen mit einem Pistolenlauf die Lüge in den Hals zu rammen. Quantrill lachte und schalt mich, mein heißes Blut über das kühle Urteilsvermögen siegen zu lassen. Ich bestand jedoch darauf und erzählte ihm weiter, daß Elkins' Vater und Bruder Soldaten für den Süden seien und daß Steve ein Nichtkämpfer sei, der zu Hause geblieben sei, um sich um seine Mutter zu kümmern, aber daß ich in keiner Weise ein Nichtkämpfer sei und an seiner Statt in jedem Kampf bestehen würde.

Schließlich sah Quantrill auf seine Uhr und bemerkte dann: „Ich werde in einer Viertelstunde unterwegs sein. Ich werde Elkins freilassen, da du so aufgeregt darüber bist und ihn deinen Händen überlassen. Sei vorsichtig, denn Parkers Männer sind ziemlich erbittert gegen ihn."

Von Herzen glücklich, stürzte ich weg, um Elkins aufzusuchen, mit dem ich nur ein paar Worte und einen Handschlag gewechselt hatte, um ihn aufzuheitern. Er erkannte mich jedoch und verstand, daß ich ihn retten oder bei dem Versuch sterben würde, denn es war seit jeher mein Ruf, daß ich nie einen Freund im Stich gelassen habe.

Als ich mich wieder zu ihm gesellte, standen einige von Parkers Männern in der Menge herum, und als ich Elkins die Hand schüttelte und ihm von seiner Freiheit erzählte, fügte ich hinzu: „Wenn irgendein verdammter Hund weitere falsche Anklagen gegen dich erhebt, wird er sich mit mir auseinandersetzen müssen, und zwar mit der Waffe."

Ich redete solcherart, um zu bluffen, denn ein Bluff ist oft ebenso gut wie ein Kampf, wenn er ordentlich abgesichert ist. Als Quantrill und seine Leute in Richtung von Dave Dailys Nachbarschaft ritten, sagte ich zu Elkins, er solle sich nach Westen bis zur Kansas City und Harrisonville Road schlagen, und dann könnte er im Schutz der Nacht gehen, wohin er wollte. Ich schüttelte seine Hand zum Abschied, schlug ihm auf die Schulter und habe ihn seitdem nie mehr gesehen.

Ich folgte Quantrills Leuten für eine halbe Meile, da ich fürchtete, daß einige Nachzügler zurückkehren könnten, um in aller Ruhe auf Elkins zu schießen, und hielt dann an, um etwas zu essen und unsere Pferde zu füttern.

Zu der Zeit, als ich Elkins vor Quantrill verteidigte, wußte ich, daß Steve mit dem Norden sympathisierte und hatte gehört, daß er der Unionsarmee beigetreten war. Aber es war mir egal – er war mein Freund.

10.
Eine Prämie auf meinen Kopf

Als Colonel Hays im Herbst nach Süden ging, um sich Shelby anzuschließen, ging Captain Jarrette mit so vielen seiner Kompanie, wie reisefähig waren, und die Verwundeten wurden mit mir im Jackson County zurückgelassen.

Die Missouri-Milizen erkannten kein Rotes Kreuz an, und deshalb konnten wir unsere Männer nicht in Farmhäusern unterbringen, sondern errichteten Unterstände in den Hügeln, mit erdbedeckten Dächern zur Tarnung.

Den ganzen Winter über lagen wir in den Vertiefungen des Jackson County, während die Miliz die improvisierten Krankenhäuser ausfindig zu machen versuchte.

Die Schlachten in diesem Winter waren zu zahlreich, um hier erzählt zu werden, und es war auch ein Winter, in dem eine Prämie auf meinen Kopf ausgesetzt wurde.

Captain Quantrill und seine Leute hatten Olathe und Shawnee-Town überfallen, und unter den Getöteten in Paola auf dem Weg von Olathe war ein Mann namens Judy, dessen Vater früher im Cass County gelebt hatte, aber als Flüchtling nach Kansas gegangen war. Judy, der Vater, kehrte nach dem Krieg als ernannter Sheriff in den Cass County zurück.

Den Guerillas war allgemein bekannt, daß der junge Judy von Dick Maddox und Joe Hall ermordet worden war, und ich mich zur Zeit des Kampfes in Austin, Missouri, meilenweit entfernt aufhielt. Aber Judy hatte sich eine Anklageschrift in Kansas wegen der Ermordung seines Sohnes besorgt und drohte mir mit einer Festnahme, so daß ich von 1863 bis 1903 nie in Cass County war, außer als Gejagter. Jahre später sollte dieser Mord am jungen Judy mich aus Missouri verbannen.

Häufige Treffen mit der Miliz waren im Winter unvermeidlich und es gab einen Kampf nach dem anderen. Fast täglich gab es Zusammenstöße, aber nur wenige davon mit einer großen Anzahl von Männern.

George Todd und Albert Cunningham, die sich auch um Soldateneinheiten in unserer Nachbarschaft kümmerten, und ich unternahmen früh im Winter einen Feldzug über die Grenze nach Kansas in der Nähe von New Santa Fe, wo unsere 30 Mann starke Truppe auf 62 Milizsoldaten traf. Todd führte sie an. Mit einem Schrei und einem Ansturm, jeder Mann mit einem Revolver in jeder Hand, feuerten sie auf einer Breite von hundert Metern eine Salve auf die Miliz ab, die beantwortet wurde, aber kein Mann konnte angesichts eines solchen Ansturms standhalten, und die Miliz fiel zurück. Bei ihrem Rückzug wurden sie um 150 weitere verstärkt und kehrten zum Angriff zurück, wobei sie Todd und seine Kameraden vor sich her trieben. Mit sechs Mann bildete ich im Wald die Nachhut, als eine Abteilung von 52 Männern auf uns losrannte. Es war ein verzweifelter Kampf, und jeder daran beteiligte Mann war mehr oder weniger verwundet. John

McDowells Pferd wurde unter ihm getötet und er rief mich verwundet um Hilfe an.

Nachdem ich ihn hinter mich gesetzt hatte, kehrten wir in Sicherheit in unser Lager zurück.

Dies war eben jener McDowell, der weniger als drei Monate später eines unserer Lager an die Miliz in Independence verriet und uns damit mitten im Winter einen Überfall bescherte.

Todd hatte sein Lager bei Red Grenshaw's, Cunninghams war auf dem Little Blue und meines war in der Nähe von Martin O. Jones' Farm, acht Meilen südlich von Independence.

Todds Abenteuergeist vereinte sich mit meiner Hoffnung, den Mord an meinem Vater zu rächen, zu einem weihnachtlichen Abenteuer, das von anderen Autoren falsch dargestellt wurde.

Todd sagte, er wüßte, daß ein Teil der Bande, die meinen Vater getötet hatte, sich in Kansas City aufhielte, und am Weihnachtstag gingen sechs von uns dorthin, um sie aufzusuchen.

Als wir Zach Traber mit unseren Pferden gleich hinter den Außenposten zurückließen, ritten wir schnell weiter, bis es fast Mitternacht gewesen sein muß. Wir waren in einem Saloon auf der Hauptstraße. Ich hatte nach einer Zigarre gerufen, und als ich mich umblickte, sah ich, daß wir von einem Kavalleristen erkannt worden waren, der Karten gespielt hatte. Er griff nach seiner Pistole, aber er zog sie nie. Ich weiß nicht, wie viele in dieser Nacht getötet wurden. Sie haben uns aus der Stadt gejagt und es gab ein Scharmützel am Posten auf der Independence Road.

Als Colonel Penick, der das Kommando über Independence innehatte, von dem Abenteuer in Kansas City hörte, setzte er eine Prämie von 1.000 Dollar auf meinen Kopf aus und andere Summen auf meine Kameraden. Um dieses Blutgeld zu bekommen, jagte die Miliz sechs Wochen später, am 9. Februar, meine Mutter aus ihrem Haus und ließ sie es vor ihren Augen verbrennen.

Ich war ein gejagter Mann.

II.

Verraten

Am Tag, nachdem sie meine Mutter ihr Haus verbrennen ließen, machten sie einen weiteren Versuch wegen der 1.000 Dollar Belohnung, und diesmal hatten sie eine bessere Aussicht auf Erfolg, denn sie hatten den Verräter McDowell bei sich, den ich im Kampf in New Santa Fe vor ein paar Wochen auf meinem Pferd in Sicherheit gebracht hatte. McDowell sagte, er wolle nach Hause gehen, um seine Frau zu sehen und ihr zu versichern, daß es ihm gut gehe, aber er ging nicht in ihre Nähe. Stattdessen eilte er nach Independence, und an diesem Abend kam die Miliz mit achtzig Mann heraus, um uns gefangenzunehmen. Selbst sie trauten McDowell nicht, denn er wurde, streng bewacht, ganz vorn behalten.

Vierzig von ihnen hatten sich uns bis auf zwanzig Meter vom Süden her genähert, als mein Pferd unruhig wurde, und ich rief: „Bist du das, Todd?"

„Kümmer dich nicht um uns; wir sind Freunde", kam die Antwort, aber ich sah, daß sie es nicht waren, und der befehlshabende Lieutenant fiel beim ersten Feuer. Die Jungs schwärmten aus den Unterständen, und der Kampf entbrannte.

Der Rückzug nach Norden wurde von den anderen vierzig abgeschnitten und sie hatten uns zwischen sich. Wir wandten uns nach Westen und feuerten, während wir gingen, und die Soldaten fielen rechts und links. Ich blieb bei Joe Hardin, bis sie ihn erwischten, und kämpfte gegen fünfzehn der Milizen, während Otho Hinton anhielt, um seine schweren Stiefel auszuziehen. Auch Tom Talley hatte einen Stiefel ausgezogen und einen Fuß im Beinschaft des anderen. Er konnte nicht rennen und er hatte kein Messer, um das Leder zu zerschneiden. Ich riß ihm den Stiefel herunter und wir nahmen Reißaus, die Miliz 20 Meter hinter uns. Talleys Pistole hatte sich mit Schnee gefüllt und er konnte keinen Schuß abgeben. Aber wir erreichten den Wald und stellten uns dem Kampf. George Talley wurde an diesem letzten Punkt erschossen, aber als die Miliz zurückfiel, hatten sie siebzehn Tote und Verwundete zu beklagen. Nathan Kerr, George Wigginton, Bill Hulse und John McCorkle haben sich an diesem Tag gut geschlagen.

Wir waren alle in unseren Socken, hatten unsere Mäntel, Handschuhe und schweren Stiefel ausgezogen, um unsere Last zu erleichtern, und die vereiste Straße versprach, unsere Füße in Stücke zu schneiden, aber wir machten uns auf den Weg zu einer Steinbrücke, wo ein Schweinepfad unsere Spuren verwischen würde, und als wir diesen Pfad verlassen hatten, ließ ich jeden einzelnen der Jungs in meinen Fußabdrücken folgen, und wir ließen nur diese eine Fußspur zurück, bis wir zu den an einem Steilhang gelegenen Zedernwäldchen kamen. Für eine Strecke von drei Meilen waren diese Klippen für Reiter praktisch unpassierbar, aber wir kletterten sie hinab und fanden den Weg zum Haus von Mrs. Moore, wo wir wieder in Sicherheit waren.

Die Soldaten nahmen ein Paar Handschuhe mit der Aufschrift „Present to Lieutenant Coleman Younger von Miss M. E. Sanders" mit nach Independence und sie glaubten für eine Zeitlang, Cole Younger wäre tot. Ihr Bruder, Charles Sanders, gehörte zu meiner Kompanie.

Nachdem wir es nach Napoleon und Wellington geschafft hatten, bekamen wir neue Mäntel und Handschuhe und auch einige der roten Schafwollgamaschen, die von den Red-Legged-Scouts getragen wurden, mit denen wir einen Abstecher in die sogenannte „Hell's Corner" am Missouri in der Nähe von Independence machten. Colonel Penicks Männer, die in vielen Fällen mehr Pferde „gesammelt" hatten, als sie eigentlich brauchten, hatten sie an verschiedenen Stellen bei Freunden gelassen. Als wir hineingingen, sammelten wir so viele von ihnen ein, wie wir dachten, daß wir herausbekommen könnten, und nahmen sie auf dem Rückweg mit.

Eines der Pferde, die ich auf dieser Reise bekam, war das gemeinste Pferd, auf dem ich je geritten bin, und ich nannte es „Jim Lane" zu Ehren eines der schlimmsten Räuber, die jemals eine Armeeuniform verunzierten. Dieses Pferd, das eine junge Frau für ihren Schatz aufbewahrte, der fürchtete, es könnte erschossen werden und es aus Gründen der Sicherheit bei ihrem Vater gelassen hatte. Als ich den Gaul bestieg, packte sie plötzlich die Zügel. Das Pferd hatte, wie ich später herausfand, die Angewohnheit, sich auf seine Hinterbeine zu stellen, wenn es gleich loslaufen wollte. Offenbar wußte die junge Frau auch nichts von seiner kleinen Angewohnheit, sonst hätte sie nie nach den Zügeln gegriffen, um mich aufzuhalten. Es hatte nicht viel Respekt vor Menschen, dieses Pferd ihres Geliebten, und es stand hoch in der Luft, während die junge Frau sich noch immer an den Zügeln festklammerte.

Es drehte sich beinahe einmal um sich selbst, bevor es herunterkam und ihr wieder die Sicherheit zu genießen erlaubte, beide Füße auf der Erde zu haben. Sie war ein wenig erschrocken, nachdem sie auf diese Weise von ihren Füßen gehoben und in der Luft baumeln gelassen worden war, und auch etwas verärgert, daß ich im Begriff war, auf dem Pferd ihres Geliebten davonzureiten, und als ich andeutete, daß das Pferd nicht so ruhig war wie es sein sollte, und ihr riet, das Zaumzeug besser nicht mehr anzufassen, rief sie mir zum Abschied zu: „Du entsetzliches altes Rotbein, du bist gemeiner als Quantrill oder Todd oder Cole Younger oder irgendeiner aus seiner Bande!"

In der Nacht, in der wir die Flucht ergriffen, verbrannten sie die Häuser von Großmutter Fristoe und ihrer Nachbarin, Mrs. Rucker, und graue Köpfe litten, weil die jüngeren nicht eingefangen werden konnten.

12.
Quantrill im Krieg

Nach dem Kampf bei Lone Jack hatte Captain Quantrill sich General Shelby in Cane Hill, Arkansas, angeschlossen, verließ aber kurz darauf sein Kommando, um nach Richmond, der Hauptstadt der Konföderierten, zu gehen, um darum zu bitten, unter dem „Partisan Ranger Act" zum Colonel ernannt, und vom Kriegsministerium anerkannt zu werden, damit er jeglichen Schutz hätte, den die Konföderierten Staaten ihm leisten könnten. Er wußte, daß es ein grimmiger Einsatz war, aber er glaubte, daß der Süden verzweifelt kämpfen mußte, um erfolgreich zu sein.

Minister Cooper merkte an, daß der Krieg seine Annehmlichkeiten und Verfeinerungen habe und daß es im neunzehnten Jahrhundert schlichte Barbarei sei, von einer schwarzen Flagge zu sprechen.

„Barbarei", resümierte Quantrill, laut Senator Louis T. Wigfall aus Texas, der bei der Befragung anwesend war, „Barbarei, Herr Minister, bedeutet Krieg und Krieg bedeutet Barbarei. Sie bitten um eine unmögliche Sache, Herr Minister. Diese Sezession oder Revolution, oder wie immer Sie es nennen, kann nicht ohne Gewalt geschehen. Ihre junge Konföderation will den Sieg. Es müssen Männer getötet werden."

„Was würden Sie tun, Captain Quantrill, wenn Sie die Macht und die Gelegenheit hätten?", fragte der Minister.

„Tun, Herr Minister? Ich würde einen solchen Krieg führen, der die Kapitulation für immer unmöglich machen würde. Ich würde das Anwerben von Fremden durch willkürliche Massaker beenden. Ich würde die Unabhängigkeit für meine Leute gewinnen oder ich würde für sie Gräber finden."

„Was wäre mit unseren Gefangenen?"

„Es würde keine Gefangenen geben", rief der feurige Captain aus. „Machen sie irgendwelche Gefangenen bei mir? Umzingelt gebe ich nicht auf; gejagt jage ich meine Jäger; gehaßt und schwärzer als ein Dutzend Teufel, füge ich meinen Hufen die Schnelligkeit eines Pferdes und meinen Hörnern den Schrecken eines wilden Gefolges hinzu. Kansas sollte sofort verwüstet werden. Begegnen Sie der Fackel mit der Fackel, Plünderung mit Plünderung, Töten mit Töten, Unterwerfung mit Vernichtung. Sie haben nun meine Vorstellungen vom Krieg, Herr Minister, und es tut mir leid, daß sie nicht Ihren eigenen Vorstellungen oder denen der Regierung entsprechen, die Sie so gut repräsentieren."

Enttäuscht ging Captain Quantrill ohne seine Vollmacht. Er hatte die Wahrheit seiner feurigen Rede gefühlt.

Unsere Angebote, Gefangene auszutauschen, waren von den Offizieren der Miliz abgelehnt worden. Es gab einen jungen Mann, der eine Ausnahme von dieser Regel war, und dem ich Tribut zollen möchte. Er war ein junger Lieutenant aus Brown County, und wenn meine Erinnerung mich nicht trügt, hieß er ebenfalls Brown. Wir hatten ihn in Olathe gefangen genommen.

In Leavenworth hatten sie einen unserer Jungs namens Hoy, der im Tate-Haus untergebracht worden war, und wir begnadigten Brown und schickten ihn nach Leavenworth, um die Herausgabe von Hoy zu erbitten.

Brown ging auch und wurde wegen seiner Bemühungen ausgelacht. Der Austausch wurde lächerlich gemacht. „Du bist frei", sagten sie zu ihm, „warum kümmerst du dich um einen Austausch?"

Brown hatte jedoch sein Wort als Mann und als Soldat gegeben, und er kam in unser Lager zurück und ergab sich. Man sagte ihm, er solle in die Reihen seiner eigenen Armee zurückkehren und es wurde ihm sicheres Geleit und Geld geboten, um seine unmittelbaren Bedürfnisse zu decken, aber er schwor, er würde nie wieder unter der Flagge seines Landes kämpfen, bis er gegen einen anderen Gefangenen ausgetauscht worden sei.

Es gab einen Jubel für diesen Mann, als er das Lager verließ, und jeder, der vorgeschlagen hätte, ihn zu erschießen, wäre selbst durchlöchert worden.

13.
Die Schlächterei in Palmyra

Solange Pete Donan der Herausgeber des Lexington Caucasian war, veröffentlichte diese Zeitung einmal im Jahr einen Bericht, der im Wesentlichen wie folgt lautete:

„Solange Gott uns das Leben schenkt und die Erde mit der Anwesenheit McNeils gestraft ist, fühlen wir uns verpflichtet, einmal im Jahr die Geschichte des grausamsten und schrecklichsten Ereignisses in den Annalen der barbarischen Kriegsführung zu wiederholen."

„Am Freitag, dem 17. Oktober 1862, wurde auf dem Festplatz von Palmyra, Missouri, eine Tat vollzogen, die bei der zivilisierten Welt Entsetzen hervorrief."

„Zehn tapfere, ehrliche und unschuldige Männer, die kein Verbrechen begangen hatten, wurden aus ihrem Gefängnis geholt, auf ihren rauhen Brettersärgen sitzend zum Stadtrand gefahren und wie Schweine ermordet."

„Ermordet!"

„Abgeschlachtet!!"

„Von dem höllischen, dreifach verdammten Schandfleck im Angesicht der Schöpfung, John McNeil, von Seiner Bajonett Gnaden, Tom Fletcher und dem Teufel, Sheriff von St. Louis County."

„Ermordet!"

„Erschossen!!"

„Da war unser armer, stattlicher, tapferer Kindheitsfreund Tom Sidener – "

„Eine so reine Seele wie sich je eine vom blutbeflecktem Gras zu jenem Gott erhob, der noch bis in alle Ewigkeit den teuflischen Metzger McNeil verdammen wird."

„Armer Tom!"

„Er war mit einer jungen Frau aus dem Monroe County verlobt."

„Als er erfuhr, daß er erschossen werden sollte, ließ er nach seinem Hochzeitsanzug schicken, der gerade gemacht worden war, und erklärte, daß er, wenn er nicht darin heiraten könnte; darin sterben wollte."

„In seinem eleganten schwarzen Anzug und seiner weißen Seidenweste, als er auf dem Wagen, der ihn bis zu seinem Tod tragen sollte, seinen groben Brettersarg bestieg, sah er eher aus, als würde er heiraten, statt erschossen zu werden."

„Seine Wärter weinten wie Kinder, als sie ihm Lebewohl sagten."

„Er hob seine Mütze, verbeugte sich vor den weinenden Frauen, die die Straßen säumten, und war für immer ihren Blicken entschwunden!"

„Eine halbe Stunde später hatten sechs Musketenkugeln sein edles Herz durchbohrt, und seine weiße Seidenweste war zerrissen und mit seinem Märtyrerblut gefärbt!"

„Da war der arme alte Willis Baker, sein Kopf weiß vom Schnee von mehr als siebzig Wintern – "

„Edelmutiger alter Mann!"

„Mit seinem weißen Haar, das im Wind wehte, setzte er sich auf seinen groben Sarg und starb ohne ein Zittern; er weigerte sich bis zu seinem letzten Atemzug, seinen Scharfrichtern zu vergeben, und schwor, er werde ‚sie wiedersehen und sie bis in alle Ewigkeit in der Hölle quälen.'"

„Da war dieser hilflose, halb-idiotische Junge aus Lewis County, der sich die Augen verbinden ließ; dann aber, als er hörte, daß Sidener und die anderen sich weigerten, eine Ecke ihrer Augenbinde aufschlugen und den Rest mit offenen Augen sahen, entfernte er das Taschentuch von seinen eigenen, und starb so unschuldig wie ein Lamm."

„Da waren Humstead und Bixler und Lake und McPheeters."

„Und da war dieser wunderbarste Märtyrer von ihnen allen – der junge Smith, aus dem Knox County – der für einen anderen Mann starb."

„Humphrey war der verurteilte Mann."

„Seine untröstliche Frau, in Witwenkleidern, mit ihren acht hilflosen Kleinen, in tiefer Trauer, die nur wenig schwärzer war als die Qual, die sie ertrugen, oder das Herz dessen, bei dem sie um Gnade baten, warf sich McNeil zu Füßen und bat ihn in so kläglichen Worten, daß ein Herz aus Stein darunter geschmolzen sein müßte, um das Leben des Ehemannes und Vaters."

„Sie wurde grausam abgewiesen."

„Aber Strachan, das Ungeheuer von Shelby County, den der Engel ein paar Monate später mit der herodianischen Fäulnis besiegte – Strachan, dem das Fleisch buchstäblich von seinem lebenden Skelett fiel – Strachan, der seit langem im tiefsten, schwärzesten, heißesten Loch der Verdammnis die Strafe für seine vierzig verdammungs- würdigen Verbrechen zahlte, war Offizier der Militärpolizei."

Er sah die verzweifelte Qual der Frau; rief sie in sein Büro und sagte ihr, er würde ihren Mann retten, wenn sie ihm dreihundert Dollar geben würde und dann – aber ach! die Menschheit schaudert vor dem schrecklichen Vorschlag zurück."

„Die elende, halb wahnsinnige, gequälte Frau, die nicht wußte, was sie tat, willigte ein, um das Leben ihres Mannes zu retten. Am nächsten Morgen lag sie wahnsinnig und fast tot, mit ihrem Säugling an ihrer Brust, in der Nähe des öffentlichen Brunnens in Palmyra."

„Und nach alldem wurde ihr Ehemann nur unter der Bedingung freigelassen, daß ein anderer an seiner Stelle erschossen werden sollte."

„Der junge Smith wurde ausgewählt."

„Und dann folgte ein Wettstreit, der beispiellos in den ganzen sechstausend Jahren der Menschheitsgeschichte ist."

„Humphrey weigerte sich, einen Mann an seiner Stelle sterben zu lassen und erklärte, daß er sich selbst als Mörder fühlen würde, wenn er es täte."

„Smith protestierte, daß er nur ein armer Waisenjunge sei, und soweit er wüßte, es keine Seele auf der Erde gäbe, die um ihn trauerte; daß Humphrey eine große Familie hätte, die für ihr täglich Brot völlig von ihm abhängig sei, und es seine Pflicht sei, zu leben, solange er könnte."

„Und Smith, der einfache Junge vom Lande, erst siebzehn Jahre alt, der Held, dem auf der ganzen mächtigen Schriftrolle des Ruhmes keiner gleich ist, setzte sich auf eine grobe Kiste – und wurde erschossen!"

„Wird nicht Gott seine Mörder auf ewig verdammen?"

„Wir könnten stundenlang bei den Vorfällen verweilen, die mit dieser fürchterlichsten Schlächterei der alten Zeit oder der Gegenwart zusammenhängen."

„Aber warum weitermachen?"

„Der Mord war geschehen!"

„Die konföderierte Regierung hat davon gesprochen, den Mörder McNeil zu fordern."

„Dann wurde ein ‚Memorandum' verfaßt und von zweitausend Missourianern unterzeichnet, die wünschten, daß das dreifach verfluchte alte Ungeheuer wegen seines Palmyra-Massakers zu besonderen Ehren komme, und er wurde zu einem Brigadegeneral befördert."

14.
Lawrence

Lieutenant Fletcher Taylor, heute ein prominenter und wohlhabender Bürger von Joplin, Missouri, verbrachte als Viehhändler getarnt eine Woche im Eldridge-Haus in Lawrence, Kansas, von wo die Jayhawkers stammten, die in den drei Monaten zuvor 200 Männer und Jungen getötet, viele Frauen gefangen genommen, und wer weiß wie viele Pferde gestohlen hatten.

Im Hause Captain Purdees am Blackwater im Johnson County meldeten sich am 16. August 1863 310 Männer auf die Vorladung von Captain Quantrill, um den Bericht von Lieutenant Taylor zu hören.

Der Bericht des Lieutenants war ermutigend. Die Stadt selbst war kaum besetzt; das Lager dahinter war nicht beeindruckend; die Straßen waren breit.

„Sie haben den Bericht gehört", sagte Quantrill, als der Leutnant fertig war. „Es ist ein langer Marsch; wir marschieren an Soldaten vorbei; wir greifen Soldaten an; wir müssen uns an Soldaten vorbei zurückziehen. Was soll es sein? Sprechen Sie, Anderson!"

„Lawrence oder die Hölle", erwiderte Anderson sofort. Mit feurig blitzenden Augen, als er sich an den Trümmerhaufen erinnerte, aus dem seine Schwester in Kansas City geholt worden war, fügte er hinzu: „Aber unter der Bedingung, daß wir jedes männliche Wesen töten."

„Todd?", rief Quantrill.

„Lawrence, und wenn ich wüßte, daß kein Mann lebend zurückkommt."

„Gregg?"

Das war Captain William Gregg, der immer noch in Kansas City wohnt, einer der tapfersten Männer, die jemals Pulverdampf entgegengesehen haben, und während des Kampfes wahrscheinlich der gelassenste im gesamten Kommando.

„Lawrence", erwiderte er. „Es ist die Heimat von Jim Lane, des Züchters der Jayhawkers."

„Jarrette?"

„Lawrence, auf alle Fälle", antwortete mein Schwager. „Es ist der Hauptteufel des Tötens und Abfackelns im Jackson County. Ich stimme dafür, es anzugreifen und niederzubrennen, bevor wir gehen."

Quantrill fragte Shepherd, Dick Maddox und so weiter.

„Haben alle abgestimmt?", rief Quantrill.

Niemand sagte etwas.

„Dann ist es Lawrence; steigt auf."

Wir erreichten Lawrence am Morgen des 21. August. Quantrill schickte mich, um einen alten Bauern, der seine Schweine fütterte, zu befragen, ob Lawrence, seit Lieutenant Taylor dort gewesen war, wesentliche Veränderungen durchlaufen hätte. Er glaubte, es wären 75 Soldaten in Lawrence; in Wirklichkeit waren es 200.

Immer vier nebeneinander, stürzte die Kolonne mit dem Ruf in die Stadt:

„Das Lager zuerst!"

Es war ein Tag der Schlächterei. Bill Anderson behauptete, vierzehn getötet zu haben, und es wurde ihm abgenommen. Aber es ist nicht wahr, daß Frauen getötet wurden. Eine Negerin lehnte sich aus einem Fenster und rief:

„Du Hurensohn!"

Sie fiel tot herunter, bevor man bemerkte, daß sie eine Frau war.

Die Todesfälle an diesem Tag werden auf 143 bis 216 geschätzt und der Verlust des Eigentums durch das Niederbrennen der Stadt, das Ausrauben der Bank und den Rest auf 1.500.000 Dollar geschätzt.

Major John N. Edwards sagt in seinen *Noted Guerillas*:

„Cole Younger hat heute mindestens ein Dutzend Leben gerettet. Tatsächlich tötete er niemanden außer im offenen und männlichen Kampf. In einem Haus nahm er fünf Bürger gefangen, über die er eine Wache stellte, und drei weitere, die er verteidigte und beschützte. Der berüchtigte General James H. Lane, für dessen Gefangennahme Quantrill gerne auf alle übrigen Opfer verzichtet hätte, floh durch ein Kornfeld, zwar heiß verfolgt, aber mit einem zu schnellen Pferd, um gefangen zu werden."

Mein zweiter Lieutenant, Lon Railey, und eine Abteilung haben Jim Lane an diesem Tag eine wilde Verfolgung geleistet, doch es war vergebens.

Als ich in die Gesellschaft meines Schwagers Jarrette kam, sagte er: „Cole, deine Mutter und deine Schwester haben mir gesagt, daß ich mich um dich kümmern soll."

An diesem Tag war es umgekehrt. Aus Lawrence kommend, wurde sein Pferd unter ihm erschossen. Er nahm den Sattel und versuchte, ihn auf einen Mustang zu legen, den einer der Jungs führte. Einige der Jungs sagen, er habe 8.000 Dollar in den Satteltaschen zugunsten der Witwen und Waisen von Missouri gehabt, aber ob das stimmt oder nicht, weiß ich nicht. Während er versuchte, den Mustang zu satteln, war er beinahe vom Feind eingekreist. Ich eilte zurück und ließ ihn hinter mir aufsteigen. Der Sattel wurde für die Männer aus Kansas zurückgelassen.

Einer der Schätze, die wir an diesem Tag aus Lawrence herausbrachten, war Jim Lanes ‚schwarze Flagge' mit der Inschrift ‚Für General James H. Lane von den Ladies aus Leanworth'.

Das ist die einzige schwarze Flagge, von der ich im Zusammenhang mit dem Lawrence-Überfall etwas wußte.

Auf Lawrence folgte ein fieberhafter Wunsch des Nordens nach Rache. Quantrill sollte gehängt, ausgeweidet und geviertelt, und seine Bande vernichtet werden; nichts war zu schrecklich für seine Bestrafung.

Vier Tage nach dem Überfall gab General Thomas Ewing in St. Louis seinen gefeierten ‚General Order No. 11' heraus. Dieser forderte, daß alle Personen, die im Jackson, Cass und Bates County lebten, außer einem Verwaltungsbezirk, oder wenn sie innerhalb einer Meile von einem Militärposten entfernt lebten, innerhalb von fünfzehn Tagen fortgehen sollten. Diejenigen, die ihre Loyalität bewiesen hatten, durften sich in die Linien eines Militärpostens oder nach Kansas begeben, aber alle anderen sollten aus dem Gebiet des Militärdistrikts verschwinden. Alles Getreide und Heu in dem verbotenen Distrikt sollte vor dem 9. September zum Militärposten gebracht, und jegliches Getreide oder Heu, das nicht solcherart übergeben wurde, zerstört werden.

Es war die Entvölkerung des westlichen Missouri. Jeder Bürger, der nach dem 9. September nicht innerhalb der Grenzen des Militärpostens war, galt als Gesetzloser.

Verfolgt von 6.000 Soldaten, mußten sich die Konföderierten in dieser Gegend schließlich weiter südlich ihrer Armee anschließen, aber sie belästigten ihre Verfolger wochenlang in kleinen Banden, die selten mehr als zehn Mann zählten.

Die bisherigen Schrecken des Guerillakriegs wurden von dem Überfall auf Lawrence in den Schatten gestellt. Zum ersten Mal wurde auf Skalpieren zurückgegriffen.

Andy Blunt fand Ab. Hallers Körper derart verstümmelt in den Wäldern in der Nähe von Texas Prairie am östlichen Rand von Jackson County.

„Wir hatten noch etwas zu lernen", sagte Blunt zu seinen Gefährten, „und wir haben es gelernt. Skalp um Skalp fortan."

Unter den tapferen Kämpfern, die am Kampf in Lawrence teilnahmen, waren Tom Maupin, Dick Yager, Payne Jones, Frank Shepherd, Harrison Trow, Dick Burns, Andy McGuire und Ben Broomfield.

15.
Jagd auf Baumwolldiebe

Im Herbst 1863, in Abwesenheit von Captain Jarrette, der sich Shelbys Befehl angeschlossen hatte, wurde ich mit 19 Mann Captain der Kompanie. Joe Lea war First Lieutenant und Lon Railey Second Lieutenant.

Als Captain Jarrette wieder in den Norden kam, wurde ich wieder Lieutenant, aber als die Captains Jarrette und Poole General Shelby am Red River Bericht erstatteten, wurden sie nach Louisiana geschickt, und ich wurde wieder Captain der Kompanie und meldete mich bei General Henry E. McCulloch, der das Kommando über Northern Texas in Bonham innehatte. Alle meine Befehle in den kommissarischen und Quartiermeister-Abteilungen wurden von mir als Captain C.S.A unterzeichnet und ordnungsgemäß gewürdigt.

In der Umgebung von Bonham leistete ich meine Dienste als Kundschafter für General McCulloch, und im November sandte er mich mit einem sehr schmeichelhaften Bericht für General E. Kirby Smith in Shreveport, Louisiana, los, dem Hauptquartier der Trans-Mississippi-Abteilung. Die Captains Jarrette und Poole waren in Shreveport, und General Smith gab uns genaueste Befehle für eine Kampagne gegen die Baumwolldiebe und Spekulanten, die die Mississippi-Gegend besetzten. General Smith plante einen Feldzug, um diese loszuwerden, Captain Poole befehligte eine Kompanie, ich die andere und Captain Jarrette hatte die Befehlsgewalt über uns beide.

Fünf Meilen von Testers Fähre auf Bayou Macon trafen wir einen Baumwollzug, der von 50 Kavalleristen begleitet wurde. Wir stürmten auf sie los, sowie wir sie sahen. Der Konvoi kam mit zehn Überlebenden davon, aber alle Fahrer wurden erschossen, und vier Baumwollkäufer, die in einem Krankenwagen dicht dahinter waren, wurden in der Nähe an einer Schlinge aus Baumwolle aufgehängt. Sie hatten 180.000 Dollar bei sich, die mit Baumwolle und Wagen zurück nach Bastrop geschickt wurden, wo Lieutenant Greenwood für sie zuständig war.

Eine aufregendere Erfahrung hatte ich im Bayou Monticello, einem Strom, der tiefer war, als er aussah. Als ich einen Baumwollzug auf einer Plantage über dem Bayou beobachtete, rief ich meine Männer an, mir zu folgen und sprang hinein.

Als sie aber sahen, wie ich im tiefen Wasser herumwatete, gingen sie weiter, bis zu einer Brücke, und als ich ans Ufer kam, fand ich mich allein. Ich war eine Zeitlang in großer Bedrängnis, bis sie auftauchten und mich unterstützten. Hier wurden 52 Soldaten getötet. Andere Angriffe in der Nähe von Goodrichs Landing und bei Omega setzten der Baumwollspekulation in dieser Gegend ein Ende.

Die Konföderierte Armee in diesem Gebiet war nicht gut ausgerüstet, und unsere Kompanie, jeder Mann mit einem Paar Dragoner-Pistolen und einem Sharpe's-Gewehr, war der Neid der Südstaaten-Armee. General Kirby Smith sagte mir, er habe während des Krieges keinen so gut bewaffneten Trupp gesehen. Folglich, als General Marmaduke im Februar 1864 General Shelby nach einem Offizier und 40 der besten berittenen und bewaffneten Männer schickte, die er hatte, war es nur natürlich, daß Shelbys Generaladjutant John N. Edwards einen Teil der Missouri-Jungs empfehlen würde, und mir sagte, ich solle meine Männer aussuchen und General Shelby Bericht erstatten, der mir wiederum befahl, mich bei General Marmaduke in Warren, Arkansas, zu melden.

Da ich gerade mal zwanzig und ein bartloser Jüngling war, musterte mich General Marmaduke ziemlich zweifelnd, wie ich bei mir dachte, aber schließlich sagte er mir, was er wollte – herausfinden, ob es stimme, daß General Steele sich in Little Rock darauf vorbereitete, sich gegen Price in Camden zu wenden, und um die Grenzposten von Warren zum Mississippi, nach Arkansas hinauf, nach Pine Bluff und Little Rock abzureiten, und über den westlichen Außenposten in Hot Springs zurückzukehren.

Wir sollten alle Nachrichten zwischen Price und Marmaduke abfangen und unsere Bewegungen nach ihren Inhalten steuern.

Etwa auf halber Strecke zwischen Pine Bluff und Little Rock stießen wir auf einen Wagenzug, gefolgt von einem Krankenwagen, der mehrere Frauen beförderte und von berittenen Bundessoldaten begleitet wurde. Die Soldaten machten sich nach Pine Bluff davon, und wir durchsuchten die Wagen und den Krankenwagen, fanden aber nichts Wichtiges, worauf wir sie weiterfahren ließen.

Wir durchsuchten das Innere von Little Rock gründlich, vergewisserten uns, daß kein Angriff auf Price bevorstand, und waren auf dem Weg nach draußen, bevor wir in ein kleines Scharmützel mit der Patrouille verwickelt wurden, bei dem kein Schaden auf unserer Seite entstand außer einem Schuß in mein Bein.

Jahre später, im Gefängnis, erfuhr ich von Senator Cushman Kellogg Davis aus Minnesota, daß er einer der Offiziere war, die an diesem Tag vor uns nach Pine Bluff galoppierten. Er war zu dieser Zeit im Stab der Obersten Militärstaatsanwaltschaft, und sie waren auf dem Weg nach Pine Bluff, um ein Kriegsgericht abzuhalten. Die Frauen waren, wie man sagte, die Frauen einiger Offiziere.

Senator Davis gehörte zu den prominenten Minnesotanern, die sich für unsere Begnadigung einsetzten, obwohl er ihre Bewilligung nicht mehr erlebte.

16.
Ein Zusammenstoß mit Apachen

Im Mai 1864 wurden Colonel George S. Jackson und eine etwa 300 Mann starke Truppe, unter denen ich selbst war, über die abgesteckten Plains nach Colorado geschickt, um einige Wagenzüge abzufangen und die transkontinentale Telegraphenleitung von Leavenworth nach San Francisco zu durchtrennen. Wir durchschnitten die Leitung und fanden die Züge leer, und auf unserer Rückkehr erreichte uns am Rio Grande die Anweisung, einen Trupp abzukommandieren, der den Kontinent auf einer geheimen Mission für die Konföderierten Staaten durchqueren sollte.

Zwei Schiffe des Alabama-Typs, gebaut in britischen Gewässern, sollten nach Victoria, British Columbia, geliefert werden, und ein Geheimdienstoffizier namens Kennedy, der mit den Papieren betraut war, erhielt eine Eskorte von zwanzig Mann, einschließlich mir, Captain Jarrette und anderen erfahrenen Kundschaftern.

Während dieses Feldzugs hatten wir eine kurze Berührung mit den Comanchen, aber in dem Land, das General Crook sich später nach und nach erkämpfte, hatten wir einen echten Indianerkampf mit Mojave-Apachen, der praktisch ohne Unterbrechung zwei Tage und die dazwischenliegende Nacht hindurch andauerte.

Wir hatten einen beträchtlichen Vorteil an Waffen, aber die Roten waren trotzdem lästig, und sie hielten uns ganze 36 Stunden lang beschäftigt, in denen wir sie bei jeder Gelegenheit beschossen. Wie viele Indianer wir getötet haben, weiß ich nicht, da wir keine Zeit und keine Neugier hatten, anzuhalten und sie zu zählen. Sie verwundeten einige unserer Pferde und wir mußten einen Wagen aufgeben, aber wir haben keinen Mann verloren.

Von El Paso fuhren wir durch Chihuahua und Sonora nach Guaymas, wo sich der Trupp aufspaltete. Captain Jarrette ging aufs Festland, während Kennedy und ich mit drei Männern als mexikanische Minenarbeiter verkleidet ein Boot nach San Francisco nahmen. Wir wurden nicht entdeckt und reisten dann in Etappen nach Puget Sound, um nach Victoria zu segeln, ungefähr dorthin, wo heute Seattle ist. Bei unserer Ankunft in Victoria fanden wir jedoch heraus, daß Lee sich bei Appomattox ergeben hatte und der Krieg zu Ende war.

Lange Zeit wurde ich beschuldigt, im September 1864 mehrere Menschen in Centralia ermordet zu haben, aber ich glaube, meine schlimmsten Feinde geben jetzt zu, daß es unmöglich für mich gewesen ist, zu dieser Zeit dort gewesen zu sein.

Ein anderes Gespenst, das meine letzten Tage im Gefängnis heimsuchte und lange zwischen meiner Bewährung und der völligen Begnadigung stand, war die Geschichte von einem John McMath, einem Corporal in einer Kavalleriekompanie aus Indiana unter Pleasantons Befehl, daß ich ihn mißhandelt hätte, als er verwundet auf dem Schlachtfeld in der Nähe des Big Blue gelegen habe, in der Nähe meines alten Zuhauses in Jackson County. McMath sagt, daß dies am 23. Oktober 1863 geschah. Es ist wahr, daß ich an diesem Tag in Missouri war, aber McMaths Regiment war es nicht, und ebenso Pleasantons Kommando, und die Aufzeichnungen des Kriegsministeriums in Washington zeigen, daß er bei einem Kampf im Big Blue am 23. Oktober 1864 verletzt wurde – ein ganzes Jahr später – soviel dazu, daß er sagt, ich habe ihn verletzt. Das war elf Monate, nachdem ich Missouri verlassen hatte, und während ich 1500 Meilen entfernt war; und doch wurde Chief Justice Start in Minnesota 1896 durch eine Zeitung aus Minneapolis auf diese abscheuliche Anklage aufmerksam gemacht.

In seinen *Noted Guerrillas* schrieb Major John N. Edwards: „Cole Younger hörte in Los Angeles von Lees Kapitulation bei Appomattox, wo er sein Bestes versuchte, um seinen Lebensunterhalt zu verdienen und in Frieden mit der ganzen Welt zu leben. Der Charakter dieses Mannes war für viele eine interessante Studie, aber für diejenigen, die ihn gut kannten, hat er nicht viele Gesichter oder etwas Geheimnisvolles an sich. Eine schreckliche Provokation trieb ihn in die Armee. Er war nie ein blutrünstiger oder gnadenloser Mann. Er war tapfer bis zur Verwegenheit, entschlossen bis zur Übereiltheit, bekannt für seine Tüchtigkeit im Kampf; aber er war nie dafür bekannt, einen Gefangenen zu töten. Im Gegenteil, heute (1877) leben 200 Bundessoldaten, die ihr Leben Cole Younger verdanken, einem Mann, dessen Vater grausam ermordet worden war, dessen Mutter in den Tod gejagt wurde, dessen Familie die Qualen einer grausamen Verfolgung ertragen mußte, und dessen Verwandtschaft, sogar die entfernten Grade, geplündert und eingesperrt wurde. Sein Bruder James ging erst 1864 in den Krieg und war ein tapferer, unerschrockener, lebhafter Junge, der niemals einen Soldaten tötete, außer in einem fairen und offenen Kampf. Cole war ein geschätzter, liebenswürdiger, großzügiger Mann, der seinen Freunden zugetan war, sein Wort hielt und seinen Kameraden treu blieb. Im Punkte der Unerschrockenheit war er unübertroffen. In der Schlacht ließ er nie jemanden hingehen, wohin er nicht folgen würde, jawohl, wohin er nicht gern jemanden führen würde. An seinem Körper befinden sich heute die Narben von sechsunddreißig Wunden. Er war ein Guerilla und ein Großer unter einer Bande von Guerillas, aber er war einer unter fünfhundert, die nur in offenen und ehrenvollen Gefechten töteten. So groß seine Provokation auch gewesen war, er mordete nie; so brutal die Behandlung eines jeden war, der ihm nahe stand und lieb war; er lehnte es ab, immer Rache an denen zu nehmen, die unschuldig waren und die nichts mit den Taten zu tun hatten, die ihn als Knabe in die Reihen der Guerillas trieben; sondern er kämpfte als Soldat, für eine Sache, ein Glaubensbekenntnis, eine Idee oder für Ruhm. Er war ein Held und er war barmherzig."

Nanny Harris und Charity Kerr

William Clarke Quantrill

William Gregg

John Jarrette

Jesse James (links) und Frank James (rechts)

Der junge Jesse James während des Sezessionskrieges.

Lawrence, Kansas, vor der Zerstörung.

Zeitgenössische Darstellung der Zerstörung von Lawrence.

Die Ruinen von Lawrence.

Bob Younger

Jim Younger

John Younger

17.
Die Regeln der Geächteten

Als ich am 8. April 1865 an der Pazifikküste war, verabschiedete der Staat Missouri das, was zur Schande seines Verfassers als Drake-Verfassung bekannt ist. Konföderierten Soldaten und ihren Sympathisanten wurde verboten, irgendeinen Beruf auszuüben, das Evangelium zu lehren, als Diakon in einer Kirche zu predigen oder verschiedene andere Dinge zu tun, unter Androhung einer Geldstrafe von nicht weniger als 500 Dollar oder einer Gefängnisstrafe von nicht weniger als sechs Monaten. Der 4. Paragraph des 11. Artikels gab den Unionssoldaten eine Amnestie für ihre Taten nach dem 1. Januar 1861, hielt aber die Konföderierten für Taten verantwortlich, die entweder als Soldaten oder Bürger begangen wurden, und Paragraph 12 sah Anklage, Prozeß und Bestrafung von Angeklagten in den Countys vor, in denen die Straftat begangen wurde.

Die Folge davon war, daß die Missourianer weitgehend vom Gesetz davon abgehalten wurden, ein Amt innezuhaben und der Staat von angereisten Vertretern überrannt wurde, von denen viele aus Kansas stammten und während des Krieges als Freibeuter und Bushwacker die Grenze zu Kansas hinauf und hinunter unterwegs waren.

Ein Trupp, zusammengestellt aus Männern wie ihnen, Sheriffs oder anderen, die sich als Sheriffs ausgaben, holte Männer mittels Haftbefehlen nachts aus ihren Betten, und falls je eine Rückkehr vorkam, dann nur durch einen Pistolenschuß irgendwo in der Dunkelheit, vielleicht im Vorgarten des Opfers, vielleicht in einer einsamen Landstraße.

Nach einem Besuch bei meinem Onkel an der Pazifikküste kehrte ich im Herbst 1865 nach Jackson County zurück, um die zerstreuten Teile eines ruinierten Familienvermögens aufzuheben. Ich war 21, und kein Mann meines Alters in Missouri hatte vielleicht bessere Aussichten, wenn ich unbehelligt gewesen wäre. Mutter hatte in einer Hütte auf einer unserer Farmen Zuflucht gefunden, mein Bruder Jim war in den letzten Kriegsmonaten fort in der Armee gewesen und war in Quantrills letztem Kampf in Wakefields Haus in der Nähe von Smiley, Kentucky, gefangen genommen worden. Er wurde in das Militärgefängnis in Alton, Illinois, gebracht und im Herbst 1865 entlassen, worauf er wenige Tage nach meiner Rückkehr nach Hause kam.

Unsere treue Negerdienerin „Tante Suse" war in der Scheune in einem vergeblichen Versuch aufgehängt worden, sie zum Verrat des Aufenthaltsortes der Söhne und des Geldes meiner Mutter zu bringen;

das Vermögen meines toten Vaters war gestohlen und in alle Winde zerstreut worden; aber unsere Farmen waren noch übrig, und hätte ich die Gelegenheit bekommen, sie in Frieden zu bewirtschaften, hätte es vier vergeudete Leben gerettet.

Im Sommer 1866 forderte der Gouverneur von Kansas eine Liste von 300 Mann vom Gouverneur von Missouri, und nannte diejenigen, die an den Angriffen auf Lawrence und andere Städte in Kansas teilgenommen hatten.

Anwälte aus Independence hatten beschlossen, daß sie jeden der Jungs aus dem Jackson County, der sich selbst ergeben würde, kostenlos für jedes Vergehen außer Mord verteidigen würden. Niemand hat mehr getan als ich, um die Jungs in Blue Springs zu einem Treffen zusammenzubringen, um über diesen Kurs nachzudenken.

Es war während dieser Zeit, daß ich Jesse James zum ersten Mal in meinem Leben sah, so daß alle wilden Geschichten ruhen mögen, die über uns sagen, wir hätten uns bereits als Knaben getroffen und uns gemeinsam Quantrill angeschlossen. Frank James und ich hatten gemeinsam gedient, und Frank war auch ein guter Soldat. Jesse ging jedoch erst im Herbst 1863 in den Dienst, und als ich ihn im Sommer 1866 sah, litt er immer noch unter dem Lungendurchschuß, den er in der letzten Schlacht im Johnson County im Mai 1865 erhalten hatte.

Das Gespenst von Paola stieg jetzt auf, um mich zu verfolgen. Obwohl alle Guerillas wußten, wer den jungen Judy getötet hatte, hatte sein Vater dafür gesorgt, daß ich in Kansas wegen des Mordes an seinem Sohn angeklagt wurde. Judy, der als der ernannte Sheriff vom Cass County nach Missouri zurückgekehrt war, hatte eine Truppe dabei, die bereit war, mir auf ihre übliche Weise einen Haftbefehl zu überbringen – mit einem nächtlichen Besuch und dann der Pistole oder dem Seil.

Ich beriet mich mit dem alten Ex-Gouverneur King in Richmond, der zwei Söhne in der Bundesarmee hatte, von denen ich einen während des Krieges gefangen genommen hatte, obwohl er es damals nicht wußte, und mit Richter Tutt aus diesem Bezirk.

Richter Tutt sagte, daß es keinen Sheriff in dieser Gegend gäbe, der eine Jury auswählen würde, die mir ein faires Verfahren geben würde. Wenn ich solcherart einen Eid ablegen sollte, würde er als Richter einen Geschworenenkommissar ernennen, der ein Geschworenengericht ernennen würde, das mir ein faires Verfahren geben würde, aber er war überzeugt, daß, sobald er dies tat, zur Lynchjustiz aufgerufen würde, bevor es zum Prozeß kommen würde.

Ein Mann war aus dem Zug geholt worden und in Warrensburg aufgehängt worden, und es hatte viele ähnliche Vergehen gegen ehemalige konföderierte Soldaten gegeben.

Judy hatte keinerlei Rechtsansprüche im Jackson County, aber trotzdem machte seine Truppe sich eines Nachts zur Younger Farm auf, um mich gefangenzunehmen. George Belcher, ein Unionssoldat, aber kein Freund von Lynchjustiz, hörte von Judys Plänen, und ich wurde durch meine Nachbarn Sam Colwell und Zach Cooper am Abend vor der beabsichtigten Razzia gewarnt. Als sie kamen, war ich schon weit außerhalb ihrer Reichweite auf dem Weg zum Haus meines Großonkels Thomas Fristoe im Howard County.

Judy und sein Mob durchsuchten vergeblich das Haus, aber sie legten eine Pause für ein Mitternachtsessen ein, das sie die treue „Tante Suse" zu bringen zwangen, und gingen dann enttäuscht fort.

Judy und seine Anklageschrift von Kansas waren der erste entscheidende Schritt in ein verpfuschtes Leben. Wären er und seine Lynchjustiz nicht gewesen, würden Mr. und Mrs. Cole Younger, denn es gab einen lieben Schatz, der auf meine Rückkehr wartete, von 1866 an bis heute glückliche und wohlhabende Bewohner von Jackson County gewesen.

Während ich meinen Großonkel im Howard County besuchte, kam es in Liberty zum ersten einer langen Reihe von Bank- und Eisenbahnüberfällen, die gewöhnlich entweder den Younger-Brüdern oder einigen ihrer Freunde zugeschrieben wurden, und aus zwei Gründen konnten wir nicht herauskommen und sie erfolgreich widerlegen: erstens, da wir den Sturm über die Köpfe derer gebracht hätten, die uns beherbergten; und zweitens, indem wir dann Verfolgern wie Judy und seiner Truppe neue Hinweise auf unseren Aufenthaltsort gegeben hätten.

18.
Nicht alles schwarz

Von der Masse an Unsinn ausgehend, der über die Guerillas geschrieben wurde, ist es wenig überraschend, daß die populäre Vorstellung davon die eines teuflischen, blutrünstigen Schurken ist.

Dennoch war ein Guerilla in vielen Fällen, wenn nicht in den meisten, ein Mann, der zu besseren Dingen geboren worden war und der erst durch solche Verbrechen wie Osceola, Palmyra und hundert andere Überfälle, die zwar weniger bekannt, aber nicht weniger berüchtigt sind, und die während des Krieges von Kansassern in Missouri stattfanden, dazu gemacht wurde.

Als der Krieg vorbei war, ließen sich diejenigen der Guerillas, die nicht gehängt, erschossen oder von Trupps verfolgt wurden, bis sie keinen sicheren Schritt mehr tun konnten, als gute Bürger nieder und lebten in friedlicher Gesellschaft; und die Überlebenden von Quantrills Truppe können begnadigt werden hinsichtlich der schwarzen Farbe, mit der sie gefärbt wurden, indem auf die Tatsache hingewiesen sei, daß von den Mitgliedern von Quantrills Kommando, die seitdem mit öffentlichen Ämtern betraut wurden, keiner je das Vertrauen miß-braucht hat, das in ihn gesetzt wurde.

John C. Hope war für zwei Amtszeiten Sheriff von Jackson County, Missouri, in dem sich Kansas City befindet, und Captain J. M. Tucker war Sheriff in Los Angeles, Kalifornien. Henry Porter vertrat einen der Bezirke des Jackson County in der Regierung des Staates, wurde nach Texas abberufen, wo er zum Richter am County Court ernannt wurde, und ist jetzt, wie ich höre, Richter im US-Bundesstaat Washington. „Pink" Gibson war mehrere Jahre lang Bezirksrichter im Johnson County; Harry Ogden diente dem Staate Louisiana als Vizegouverneur und als Kongreßabgeordneter. Captain J. G. Lea war viele Jahre lang Ausbilder in der Militärabteilung der Universität von New Mexico, und ist es noch, wie ich glaube. Jesse Hamblett war Marshal in Lexington, und W. H. Gregg, der Quantrills First Lieutenant war, befand man für gut genug, um ein Deputy Sheriff unter der Verwaltung eines Republikaners zu sein. Jim Hendricks, Deputy Sheriff der Countys Lewis und Clark in Montana, ist noch so einer, aber alle Männer der alten Truppe aufzuzählen, die geringere Ämter erhalten haben, würde ermüdend sein.

19.
Ein Duell und eine Auktion

Ich verließ Missouri kurz nach Judys Überfall in Richtung Louisiana und verbrachte drei Monate mit Captain J. C. Lea auf der Farm der Witwe Amos in Fortune Fork, Gemeinde Tensas. Wir mieteten dann die Bass Farm am Lake Providence in der Gemeinde Carroll, wo ich bis 1867 blieb, als Schüttelfrost und Fieber mich nach Norden in Richtung Missouri trieben. Als die Bank in Russellville, Kentucky, ausgeraubt wurde, was uns angelastet wurde, war ich bei meinem Onkel, Jeff Younger, im St. Clair County, und Jim und Bob waren zu Hause, hier in Lee's Summit.

Zur Zeit der Banküberfälle in Richmond und Savannah, Missouri, an denen ich laut Zeitungen und Sensationslüsternen hauptsächlich beteiligt war, lebte ich auf der Bass-Plantage, drei Meilen unterhalb des Lake Providence in Louisiana. Captain J. C. und Frank Lea aus Roswell, New Mexico, und Tom Lea aus Independence, Missouri, lebten mit mir im gleichen Haus, und jeder von ihnen wird für die Wahrheit meiner Aussage bürgen, daß ich zur Zeit der fraglichen Raubüberfälle noch nicht einmal in der Nähe dieser Städte war, sondern mich mit ihnen auf der oben erwähnten Plantage aufhielt. Darüber hinaus möchte ich hier erklären, und ich werde meinen Eid feierlich ablegen, *daß das, was ich sage, die Wahrheit ist, und nichts als die Wahrheit. Trotz all der Anschuldigungen, die gegen mich erhoben wurden, hatte ich niemals in meinem ganzen Leben irgend etwas damit zu tun, eine Bank im Bundesstaat Missouri auszurauben.* Ich konnte beweisen, daß ich nicht in den Städten war, in denen Banken in Missouri ausgeraubt wurden, als die Überfälle stattfanden, und in vielen Fällen war ich Tausende von Kilometern entfernt.

Im Herbst 1868 gingen Jim und Bob mit mir nach Texas. Die Gesundheit unserer Mutter war merklich schlechter geworden, was zu einem großen Teil von ihrer Obdachlosigkeit herrührte, als die Miliz sie zwang, ihr Haus zu verbrennen, und wir versuchten, sie in einem milderen Klima im Südwesten unterzubringen. Die nächsten zwei oder drei Jahre verbrachten wir mit Viehhüten und Viehtrieb. Meine Schwester schloß sich uns an und kümmerte sich um uns in Syene im Dallas County, wo wir unseren Hauptsitz einrichteten.

Ich war in Austin, Texas, als die Gallatin Bank in Missouri ausgeraubt wurde; ein anderes Verbrechen, das uns von den Geschichtenerzählern vorgeworfen wurde, wenn auch nie, soweit ich weiß, von den Behörden.

1870 und 1871 war Jim stellvertretender Sheriff des Dallas County.

Jim und Bob sangen dort im Kirchenchor bis 1872, als Bob, der erst siebzehn Jahre alt und in eine der örtlichen Schönheiten verliebt war, sich empfindlich beleidigt durch die Anschuldigung fühlte, daß sein Bruder Cole den Jahrmarkt in Kansas City ausgeraubt hätte, und Dallas verließ.

Eine der Lügen, die weithin über mich verbreitet wurde, ist, daß ich fünf Männer tötete und fünf andere hintereinander in einem betrügerischen Pferderennen in Louisiana erschoß. Es liegt so viel Wahrheit darin – es gab ein betrügerisches Rennen, und danach habe ich ein Duell ausgetragen, aber nicht wegen des Rennens.

In der Menge, die bei dem Rennen anwesend war, war Captain Jim White, dem ich während des Krieges mitgeteilt hatte, daß er sich entschuldigen oder kämpfen müßte, wenn ich ihn wieder träfe, weil er Gerüchte über eine junge Freundin von mir verbreitet hatte.

White stellte sich mir nach diesem Rennen vor, wo ein Freund von mir um eine beträchtliche Geldsumme betrogen worden war, und wir gingen zu einer benachbarten Plantage, um es auszutragen. Bei der ersten Salve wurde sein rechter Arm an der Schulter zerschmettert. Er dachte, er wäre tödlich verletzt worden, und ich glaubte es zuerst auch, und er rief mich zu sich und sagte:

„Captain Younger, ob ich sterbe oder nicht, ich möchte Ihnen als Freund die Hand geben. Ich hatte einige Differenzen dieser Art mit anderen und kam gut heraus; die Leute haben mich über meinen Erfolg belächelt und gesagt: „Warte, bis Captain Younger auf dich losgeht. Er wird dich drankriegen!“ Also beschloß ich endlich, gegen dich zu kämpfen, ob das nun richtig oder falsch war.“

Ich sagte meinem Freund, der die Plantage besaß, daß er sich um White kümmern sollte, und ging nach Texas, um im Viehgeschäft etwas von dem Geld wiederzugewinnen, das ich verloren hatte, als ich versuchte, Baumwolle zu pflanzen. Im nächsten Jahr war ich in Mississippi bei einem Tanz, und eine junge Lady wollte mich kennen lernen.

Ihr Name war White, und wir hatten noch nicht lange gesprochen, ehe sie sagte:

„Meine Mutter sagt, Sie hätten einen Mann aus Vater gemacht.“

Captain White hatte den Fluß überquert und seine Saufkumpane verlassen, aber ich habe ihn seit dem Tag, an dem wir aufeinander geschossen hatten, nie wieder gesehen.

Dieses Duell verlieh Cole Younger in diesem Umkreis einen Ruf, der einige Zeit später für die Witwe eines armen Predigers in der Nähe von Bayou Macon von Wert war.

Es sollte einen Verkauf des Eigentums und der Habseligkeiten der Witwe Hurley geben. Ich ging zum Verkauf, brachte mein Pferd in der Scheune unter und ging durch den Garten hinter dem Haus zu einem offenen Platz, wo die Menge versammelt war und darauf wartete, daß der Auktionator den Verkauf eröffnete. Während ich ging, stieß ich auf die weinende Mrs. Hurley. „Guten Morgen, Mrs. Hurley“, sagte ich, „es tut mir leid, Sie in Tränen zu sehen; was ist das Problem?“

Sie erklärte, daß ihr Ehemann das Eigentum und die beweglichen Güter vor seinem Tod verpfändet hätte und sie es nicht hatte auslösen können, und sie ihr nun weggenommen werden sollten. Ich fragte sie, wie hoch die Verschuldung sei, und sie sagte mir, daß es 80 Dollar seien. Ich nahm das Geld aus meiner Tasche, gab es ihr und sagte ihr, sie solle es bieten, wenn die Zeit gekommen sei, und ich ihr das Signal gäbe.

Asbury Humphreys, der der Auktionator war, kannte mich von der Geschichte des Duells, und bevor er anfing, sagte ich ihm, er solle das Anwesen insgesamt aufrufen.

Einige der Burschen von jenseits des Flusses wollten, daß die Kühe und Schweine getrennt voneinander aufgestellt wurden, damit sie heraussuchen konnten, was sie wollten, und Asbury erklärte, er habe Angst, den Verkaufsplan zu ändern. Sie würden ihn dort nicht leben lassen, wenn er es tat.

„Nun, Asbury", sagte ich, „ich werde neben dem Wagen sein, wo ich Sie sehen kann und Sie können mich sehen, und wenn ich Ihnen das Zeichen gebe, rufen Sie das gesamte Gut auf oder ich werde diese Pistole gebrauchen."

Ich hatte keine Zeit gehabt, Mrs. Hurley vorzubereiten, also machte sie es etwas peinlich für Asbury. Es gab genug Fußgescharre, als er verkündete, daß er beschlossen hätte, alles auf einmal aufzurufen, aber er schaute hinunter, wo ich gegen das Rad seines Wagens lehnte und bereit stand.

Als er um ein Angebot bat, bot Mrs. Hurley ihre ganzen 80 Dollar. Ich hatte nicht die Vorsichtsmaßnahme getroffen, ihr zu sagen, sie solle niedriger beginnen, und es gab jetzt nur zwei Wege, da herauszukommen: entweder mußte ich ihr mehr Geld geben oder sofort den Zuschlag bewirken.

Ich entschied, daß es der kürzeste Weg war, daß Asbury ihr den Zuschlag gab, also gab ich ihm das Zeichen.

Ich mußte Asbury für ein paar Minuten vor der Menge beschützen, aber niemandem wurde etwas getan. Mrs. Hurley hatte ihr Eigentum wieder, der Gläubiger hatte sein Geld, und ich war 80 Dollar los, während Asburys Zuverlässigkeit als Auktionator etwas in Frage gestellt wurde, bis man seine Position in der Sache vollständig verstand.

20.
Ungewollte Lorbeeren

Obwohl jedes Buch, das vorgibt, das Leben der Younger-Brüder zu erzählen, vom Liberty-Überfall erzählt und angedeutet hat, daß wir daran beteiligt waren, wurden die Youngers weder zu dieser Zeit noch später verdächtigt. Es wurde von den Leuten aus Liberty behauptet, daß sie unter den Räubern Oll Shepherd, „Red" Monkers und „Bud" Pence, die mit Quantrill Dienst geleistet hatten, erkannt hätten. Jim White und J. F. Edmunson wurden in St. Joseph verhaftet, aber sofort wieder freigelassen, da ihre vorläufige Untersuchung sie in keiner Weise mit dem Überfall in Verbindung bringen konnte.

Im Oktober desselben Jahres wurde eine Bank in Lexington, Missouri, um 2000 Dollar erleichtert, aber soweit ich weiß, wurde dies bis 1880, als J. W. Buel seine „Border Bandits" veröffentlichte, in keiner Weise mit den Younger-Brüdern in Verbindung gebracht.

Am 2. März 1867 wurde die Bank in Savannah, Missouri, überfallen, aber die fünf, die dies taten, wurden identifiziert, und es gab keine Youngers in der Gruppe. Dieser Überfall wurde von Blutvergießen begleitet, Richter McLain, der Bankier, wurde angeschossen, wenn auch nicht tödlich verwundet.

Am 23. Mai dieses Jahres wurde die Bank in Richmond, Missouri, überfallen, Bürgermeister Shaw wurde getötet, und die Räuber überfielen das Gefängnis, wo eine Reihe von Gefangenen eingesperrt waren, deren Verhaftung angeblich auf ihre Sympathie mit der Sezession zurückzuführen war. Gefängniswärter Griffin und sein 15-jähriger Sohn wurden dort getötet. Für einige der früheren Guerillas wurden Haftbefehle ausgestellt, darunter Allen Parmer, dem späteren Ehemann von Susie James, obwohl er zu dieser Zeit in Kansas City arbeitete und ein hiebfestes Alibi hatte. Für die Youngers wurde kein Haftbefehl ausgestellt, aber spätere „Historiker" haben uns zum mindesten vorgeworfen, daran teilgenommen zu haben; aber wie ich bereits sagte, enthält diese Anklage keine Wahrheit.

Die Bank in Russellville, Kentucky, wurde am 20. März 1868 überfallen, und unter den Räubern war ein Mann, der seinen Namen als Colburn angab, was die Detektive bestrebt waren, als Cole Younger erscheinen zu lassen. Nachdem er mit Quantrill in Kentucky gedient hatte, waren Jim Younger und Frank James in diesem Staate wohlbekannt, und da man wußte, daß für die früheren Banküberfälle in Missouri Ex-Guerillas angeklagt waren, wurden in diesem Fall von den Louisville-Spürhunden, die auf den Fall angesetzt waren, sofort ähnliche Schlüsse gezogen. Jim und John waren zu Hause in Lee's Summit.

Am 3. Juni 1871, wurde die Obocock Bros. Bank in Corydon, Iowa, am hellichten Tag von sieben Männern um 40.000 Dollar erleichtert. Die Geschichtenerzähler haben Jim und mich damit in Verbindung gebracht, als ich eigentlich in Louisiana war, Jim und Bob in Dallas und John in Kalifornien.

Am 29. April 1872, dem Tag, an dem die Bank in Columbia, Kentucky, ausgeraubt und der Kassierer R. A. C. Martin getötet wurde, war ich in Neosho Falls, Kansas, mit einem Viehtrieb beschäftigt.

Am 26. September desselben Jahres wurde die Kasse des Jahrmarktes in

Kansas City gestohlen. Eine vollständige Erklärung über meinen Verbleib während des Tages ist in einem beigefügten Brief angegeben, der auch zeigt, daß es für mich unmöglich gewesen wäre, beim Überfall auf den Rock Island Eisenbahn in Adair County, Iowa, am 21. Juli 1873 anwesend zu sein, beim Überfall der Malvern-Postkutsche in der Nähe des Gaines-Platzes am 15. Januar 1874; beim Banküberfall in St. Genevieve am 27. Mai 1873, oder beim Überfall auf die Iron Mountain Eisenbahn in Gad's Hill, Missouri, am 31. Januar 1874. Es wurde angeklagt, daß Arthur McCoy oder A. C. McCoy und ich an der Gad's Hill Affäre und den beiden Postkutschenrauben teilgenommen hätten. Am 15. November 1874 schrieb ich einen Brief an meinen Schwager, Lycargus A. Jones, der zum Teil im Pleasant Hill Review vom 26. November veröffentlicht wurde, wobei der Redakteur in der Zwischenzeit Aussagen über Sachverhalte nachgefragt und sich selbst von ihrer Wahrheit überzeugt hatte. Die Teile dieses Briefes, die jetzt relevant sind, sind wie folgt:

Cass County, 15. November 1874.

Lieber Curg:

Sie können diesen Brief verwenden, wofür Sie wollen. Ich werde Ihnen diese Übersicht und Skizze meines Aufenthaltsortes und meiner Handlungen zur Zeit gewisser Raubüberfälle geben, die mir zur Last gelegt werden. Zur Zeit des Gallatin-Banküberfalls trieb ich Rinder in Ellis County, Texas; Rinder, die ich von Pleas Taylor und Rector gekauft habe. Dies kann von beiden bezeugt werden; auch von Sheriff Barkley und fünfzig anderen respektablen Männern dieses Countys. Im Herbst brachte ich die Rinder nach Kansas und blieb bis Februar im St. Clair County. Ich ging dann nach Arkansas und kehrte am ersten Mai in den St. Clair County zurück. Ich ging nach Kansas, wo sich unser Vieh im Woodson County bei Colonel Ridge befand.

Während des Sommers war ich entweder in St. Clair, Jackson oder Kansas, aber da in diesem Sommer kein Raub begangen wurde, macht es keinen Unterschied, wo ich war.

Die Kasse am Eingangstor des Jahrmarkts wurde in jenem Herbst ausgeraubt. Ich war damals im Jackson County. Ich verließ R. P. Rose an diesem Morgen, ging die Independence Road hinunter, hielt bei Dr. Nolands und bekam ein paar Pillen. Mein Bruder John war bei mir. Ich ging durch Independence und von dort zu Ace Webb. Dort aß ich zu Mittag und ging dann zu Dr. L. W. Twyman. Ich blieb dort bis nach dem Abendessen, ging dann zu Silas Hudspeth und blieb die ganze

Nacht. Dies war der Tag, an dem die Jahrmarktskasse in Kansas City ausgeraubt wurde. Am nächsten Tag gingen John und ich nach Kansas City. Wir überquerten den Fluß bei Blue Mills und gingen auf der anderen Seite hinauf. Unser Geschäft dort war E. P. West zu besuchen. Er war nicht zu Hause, aber die Familie wird sich erinnern, daß wir dort waren.

Wir überquerten die Brücke, blieben die ganze Nacht in der Stadt und ritten am nächsten Morgen durch die Stadt. Ich habe einige meiner Freunde getroffen. Unter ihnen war Bob Hudspeth. Wir sind dann auf dem Weg nach Independence in den Six-Mile-District zurückgekehrt. Bei Big Blue trafen wir James Chiles und hatten ein langes Gespräch mit ihm. Ich sah mehrere Freunde, die an oder in der Nähe des Eingangstors gestanden hatten, und sie sagten alle, daß sie nichts von der Gruppe wüßten, die die Überfälle verübt hatte. Weder John noch ich wurden die ersten Tage des Verbrechens beschuldigt. Mein Name wäre nie in Zusammenhang mit der Affäre gebracht worden, hätte nicht Jesse W. James, aus irgendeinem Grund, der ihm am besten bekannt ist, in der Kansas City Times einen Brief veröffentlicht, in dem er erklärt, daß John, er und ich des Raubes beschuldigt wurden. Worauf er diese Behauptung begründete, weiß ich nicht, aber eine Sache weiß ich, er hat sie nicht von mir. Wir waren zu dieser Zeit nicht besonders gut miteinander bekannt, noch waren wir es für die nächsten paar Jahre. Von dieser Zeit an wurden mein und Johns Name mit denen der James-Brüder verbunden. John hatte keinen von ihnen bis achtzehn Monate vor seinem Tod gesehen. Und A. C. McCoy ist John in seinem ganzen Leben nie begegnet. Ich kannte A. C. McCoy während des Krieges, aber ich habe ihn seither nicht mehr gesehen, auch wenn die Zeitung aus Appleton City sagt, daß er seit zwei Jahren mit uns in diesem County lebt. Wenn nun irgendein respektabler Mann in diesem County sagt, er habe jemals A. C. McCoy mit mir oder John gesehen, werde ich nichts mehr sagen; oder wenn irgendein zuverlässiger Mann sagen wird, daß er jemals irgend jemand mit uns gesehen hat, der der Beschreibung von A. C. McCoy entsprochen hat, dann werde ich schweigen und nicht mehr auf unschuldig plädieren.

Armer John, er wurde wie ein wildes Tier gejagt und erschossen, und nie war jemand unschuldiger. Aber es wird ein Tag kommen, an dem die Geheimnisse aller Herzen vor diesem alles sehenden Auge offen gelegt werden, und jeder Akt unseres Lebens hinterfragt werden wird; dann werden seine Röcke weiß wie frisch gefallener Schnee sein, während die seiner Ankläger zweifach schwarz sein werden.

Ich komme nun zum St. Genevieve-Raubüberfall. Zu dieser Zeit war ich im St. Clair County, Missouri. Ich erinnere mich nicht an das Datum, aber Mr. Murphy, einer unserer Nachbarn, war zu dieser Zeit krank, und ich setzte mich regelmäßig mit ihm zusammen, wo ich mich jeden Tag mit einigen seiner Nachbarn traf. Dr. L. Lewis war sein Arzt.

Was den Zugüberfall in Iowa betrifft, den genauen Tag habe ich vergessen, jedenfalls war ich damals auch im St. Clair County, Missouri, und hatte das Vergnügen, den Abend vor dem Raubüberfall in Monegaw Springs einer Predigt zu lauschen. Dort waren fünfzig oder hundert Personen, die vor jedem Gericht aussagen würden, daß John und ich dort waren. Ich werde Ihnen die Namen einiger von ihnen nennen: Simeon C. Bruce, John S. Wilson, James Van Allen, Reverend Mr. Smith und seine Frau, Helvin Fickle und Gattin aus Greenton Valley besuchten damals die dortigen Quellen, und jeder von ihnen wird das Obige bezeugen, denn John und ich saßen direkt vor Mr. Smith, während er predigte und waren auch nach dem Gottesdienst einige Momente in seiner Gesellschaft, zusammen mit seiner Frau und Mr. und Mrs. Fickle. Sie leben in Greenton Valley, Lafayette County, Missouri, und ihre Aussagen würden vor dem Himmelsgericht gemacht werden. Da bis Januar kein anderer Raub begangen wurde, werde ich zu dieser Zeit kommen. Um den 31. Dezember 1873 kam ich in der Gemeinde Carroll in Louisiana an. Ich blieb dort bis zum 8. Februar 1874. Mein Bruder und ich wohnten bei William Dickerson, in der Nähe von Floyd. Während der Zeit wurden die Shreveport-Postkutsche und die Hot Springs-Postkutsche ausgeraubt; auch fand damals der Gad's Hill-Raub statt.

Thomas Coleman Younger

Nachdem ich seit meiner Entlassung meine vorgebliche Lebensgeschichte gelesen habe, stellte ich fest, daß ich mich darin geirrt habe, daß es im Sommer 1872 keinen Raubüberfall gab, da die Bank in Columbia, Kentucky, am 29. April desselben Jahren überfallen worden war. Ich hatte davon noch nicht gehört, als ich 1874 den Brief schrieb, und um jede Mißverständlichkeit zu korrigieren, die dadurch entstehen könnte, wenn ich es verschweige, will ich sagen, daß ich zu jener Zeit in Neosho, Kansas, eine Viehherde trieb, die ich an Major Ray verkaufte.

Es war unmittelbar nach dem Rock-Island-Raubüberfall in Adair, Iowa, daß dort erstmals eine vorsätzliche Meldung einiger lokaler Zeitungen in Missouri erschien, um uns mit diesem Raub in Verbindung zu bringen. Zeitungen aus New York und Chicago brachten die

Youngers ebenso wie die Zeitungen in St. Paul und Minneapolis nicht mit dem Verbrechen in Verbindung, und drei Tage nach dem Raub hatten diese Zeitungen den Eindruck, daß die Räuber nach Nodaway County, Missouri, verfolgt worden waren, während wir die ganze Zeit in Monegaw Springs waren. Neben denen, die ich in meinem Brief von 1874 erwähnte, wurde Marshall P. Wrights eidesstattliche Versicherung, daß er Jim und mir am nächsten Morgen in Monegaw Springs die Morgenzeitung mit dem Bericht über den Raub zeigte, im Jahre 1898 Governeur Clough aus Minnesota vorgelegt.

Es sind 250 Meilen oder mehr und es existierten keine Verbindungslinien der Eisenbahn, um unsere Passage zu erleichtern, so daß es für niemanden möglich gewesen wäre, die Reise gemacht zu haben. Die kürzesten Bahnlinien fahren im Kreisverkehr, über St. Joseph und Kansas City, daher wird es offensichtlich sein, daß ich nicht beim Rock-Island-Überfall dabei gewesen sein könnte.

21.
Die Wahrheit über John Younger

Mein Bruder John war vierzehn Jahre alt, als der Krieg endete und Bob noch keine zwölf. Eines Tages im Januar 1866 fuhren John, Bob und meine Mutter nach Independence, um Getreide mahlen zu lassen und andere Besorgungen in der Stadt zu machen, unter anderem eine meiner Pistolen reparieren zu lassen.

Ein junger Mann namens Gillcreas, der in der Miliz gedient hatte und einige Jahre älter war als John, bewarf den Jungen mit einem Stück Makrele, und es folgte ein erhitzter Wortwechsel.

„Warum erschießt du ihn nicht?", schrie Bob vom Wagen.

John sagte dem Kerl, daß er es nicht wagen würde, sich so zu benehmen, wenn Cole da wäre, und Gillcreas sagte, daß Cole im Gefängnis sein sollte und alle Männer Quantrills mit ihm. Gillcreas ging weg, kehrte aber zum Angriff zurück, diesmal bewaffnet mit einer schweren Schleuderkugel. In der Zwischenzeit hatte John die Pistole geholt, die im Wagen gewesen war. Gillcreas kam, um den Kampf fortzusetzen und John erschoß ihn. Die Schleuderkugel wurde mit dem Riemen um Gillcreas Handgelenk gewickelt gefunden.

Die Jury des Coroners sprach John frei, und es gab viele Leute in Independence, die dachten, daß er genau richtig gehandelt hatte.

Als ich 1868 nach Louisiana ging, kam John mit mir und begleitete mich danach nach Texas. Als er in einem Laden in Dallas arbeitete, freundete er sich mit einigen jungen Burschen mit lockeren Gewohnheiten an und trank ein wenig.

Eines Tages, als sie alle in ausgelassener Stimmung waren, schoß John die Pfeife aus dem Mund eines Mannes namens Russell. Russell sprang auf und rannte aus dem Raum.

„Töte ihn nicht", rief die Menge im Scherz, und John feuerte mehrere ziellose Schüsse ab, um den Schrecken aufrecht zu erhalten. Russell erreichte einen Haftbefehl für Johns Verhaftung, und am nächsten Morgen, dem 17. Januar 1871, kamen Captain S. W. Nichols, der Sheriff, und John McMahon zum Haus, um ihn zu verhaften.

John leistete keinen Widerstand und lud die Officers zum Frühstück ein, aber sie lehnten ab und gingen zurück in die Stadt. Thompson McDaniels lenkte Johns Aufmerksamkeit auf die Tatsache, daß eine Wache über seine Pferde gestellt worden war, und sie gingen zusammen die Stadt entlang. Tom und John tranken etwas Whisky, und während sie warteten, tranken Nichols und sein Trupp auch etwas.

„Warum haben Sie eine Wache für meine Pferde abgestellt?", fragte John, als er den Raum betrat, in dem Nichols sich befand.

„Ich habe keine Wache bei deinen Pferden abgestellt", antwortete Nichols.

„Sie sind ein Lügner!", fuhr John fort, „Ich habe sie selbst dort gesehen."

Hierauf eröffnete ein anderer Russell, ein Bruder von dem, dessen Pfeife aus seinem Mund geschossen worden war, das Feuer auf John und verletzte ihn am Arm. Thompson McDaniels erschoß Captain Nichols, und McMahon wurde im Nahkampf von meinem Bruder erschossen, soweit ich es jemals erfahren konnte.

John und McDaniels gingen hinaus, nahmen die Pferde der Officers und ritten nach Missouri.

Nach der Schießerei stellte sich heraus, daß derselbe Russell, der das Feuer auf John eröffnete, die Wache über die Pferde gestellt hatte, und daß Captain Nichols davon nichts wußte.

Ich war zu der Zeit in Louisiana, aber bei meiner Rückkehr boten einige Anwälte an, John zu verteidigen, wenn er für den Prozeß zurückkehren würde, aber nach einem Besuch im Haus unseres Onkels in Kalifornien kehrte er im Winter 1873/74 nach Missouri zurück.

Gerade rechtzeitig, um für den Zugüberfall auf Gad's Hill an der Iron Mountain Road verdächtigt zu werden.

John und Jim besuchten das Haus unseres Freundes Theodoric Snuffer in Monegaw Springs, St. Clair County.

Kopfgeldjäger hatten uns dort bei einer früheren Gelegenheit aufgesucht, als wir alle vier dort waren. Wir waren plötzlich über den aus fünfzehn Mann bestehenden Trupp gestolpert, und ich hielt sie mit einer Schrotflinte in Schach, verlangte ihre Aufgabe und erklärte, wir hätten niemanden ausgeraubt und wollten wie anständige Bürger behandelt werden, denen sich die Gesetzeshüter in der gewöhnlichen Weise näherten, falls wir beschuldigt würden. Dann gaben wir ihnen die Waffen zurück, und sie kehrten nach Osceola zurück.

Am 11. März 1874 wurde J. W. Whicher, ein Pinkerton-Detektiv aus Chicago, der ausgesandt wurde, um Frank und Jesse James in Kearney zu verhaften, tot auf der Straße in der Nähe von Independence gefunden; und W. J. Allen, auch bekannt als Captain Lull, ein Polizist in Zivil aus St. Louis, der den Namen Wright trug, und ein Junge aus Osceola namens Ed. Daniels, der ein Deputy Sheriff war und den Ehrgeiz hatte, als Detektiv zu glänzen, ritten aus, um Jim und Bob in den Springs zu finden.

Die Jungen, die von einem Negerdiener informiert worden waren, versuchten sie davon zu überzeugen, daß sie mit dem Vorfall in Gad's Hill nichts zu tun haben konnten, so wie wir die frühere Truppe überzeugt hatten. Aber Allen erinnerte sich an das kürzliche Schicksal von Whicher, zog seine Pistole und schoß John in den Hals. John erwiderte das Feuer, tötete Daniels und setzte Allen nach. Seite an Seite galoppierten die Pferde, John feuerte auf den Detective, bis er tödlich verwundet aus dem Sattel fiel. John wendete sein Pferd, um zu Jim zu reiten, als er aus seinem Sattel kippte und nach ein paar Minuten tot war.

Der Detective aus St. Louis war bei der ersten Feuersalve geflohen und überlebte, um anschauliche Geschichten darüber zu erzählen, wie das alles passierte, obwohl er in Wahrheit zu sehr damit beschäftigt war, davonzukommen, als daß er etwas hätte beobachten können.

22.
Das Amnestiegesetz scheitert

Die Ermordungen von Lull, Daniels und Whicher innerhalb einer einzigen Woche war zweifellos ärgerlich für den Chef der Pinkerton-Agentur, und wäre er nicht persönlich erbittert gewesen, hätte er sie wahrscheinlich nicht so schrecklich gerächt.

Im nächsten Januar, 1875, begab sich eine Gruppe von Pinkerton-Männern und anderen unter der Führung von Daniel H. Asker, einem Nachbarn der James-Jungs, in ihr Haus in der Nähe von Kearney und warf eine Bombe in das Haus, in dem die Familie saß. Ein achtjähriger Halbbruder von Frank und Jesse wurde getötet, ihrer Mutter, Mrs.

Samuels, wurde ein Arm abgerissen und andere Familienmitglieder wurden mehr oder weniger verletzt. Aber Frank und Jesse wurden nicht erwischt.

Viele Leute im Staat hatten schon vorher das Gefühl, daß diese Detektive einige der Konföderierten Soldaten zu Unrecht verfolgten, und mir wurde seither erzählt, daß Gouverneur Silas Woodson kurz davor war, Pinkertons Männern Einhalt zu gebieten, als er die Nachricht erhielt, daß zwei von ihnen bei einer Schießerei mit John und Jim Younger getötet worden waren.

Jedenfalls verstärkte der Tod des unschuldigen kleinen Samuels-Jungen dieses, gelinde gesagt, wenig wohlwollende Gefühl gegen die Operationen der Detektive zugunsten der Mitglieder der Konföderiertenarmee, die von Fremont, Halleck, Ewing und der Drake-Verfassung geächtet worden waren

Dieses Gefühl fand unmittelbar nach dem Überfall auf das Samuels-Haus seinen Ausdruck in der Einführung eines Gesetzentwurfs in der Missouri-Legislative, der namentlich den Younger- und James-Brüdern und anderen, deren Ächtung öffentlich verkündet worden waren, eine Amnestie für alle im Krieg begangene Taten gewährte, und versprach ihnen ein faires Verfahren im Falle einer Anklage gegen sie nach dem Krieg.

Das Gesetz wurde vorgebracht von dem verstorbenen General Jeff Jones aus dem Callaway County, wo meine Brüder und ich viele Freunde hatten, und lautete im wesentlichen wie folgt:

„Indes im 4. Abschnitt des 11. Artikels der Verfassung von Missouri sind alle Personen, die im Militärdienst der Vereinigten Staaten sind oder in diesem Staat unter ihrer Autorität gehandelt haben, von jeder zivilrechtlichen Haftung und jeder strafrechtlichen Ahndung für alle Handlungen befreit, die sie seit dem 1. Januar 1861 begangen haben; und,"

„Indes, während im 12. Abschnitt des genannten 11. Artikels der genannten Verfassung eine Bestimmung vorgesehen ist, mittels welcher unter bestimmten Umständen jeder Konföderierte allein aus despotischem Unwillen in entfernten Countys verhaftet, mitgenommen, angeklagt, verurteilt und bestraft werden kann, was gegen die Verfassung der Vereinigten Staaten und gegen alle Prinzipien der aufgeklärten Menschheit verstößt; so zeigt eine solche Diskriminierung einen Mangel an menschlicher Großzügigkeit und staatsmännischem Geschick seitens der Partei, die dies auferlegt, und von Mut und Männlichkeit seitens der Partei, die sich ihr zahm unterwirft; und,"

„Indes, unter der Ächtung, die gegen Jesse W. James, Frank James, Coleman Younger, James Younger und andere ausgesprochen wurde, die mutig ihr Leben in Verteidigung ihrer Prinzipien riskiert haben, sind sie notwendigerweise verzweifelt. So wie sie von den Feldern ehrlicher Arbeit fortgetrieben sind, von ihren Freunden, ihren Familien, ihren Häusern und ihrem Land, können sie kein Gesetz außer dem Gesetz der Selbsterhaltung kennen, noch können sie Respekt für eine Regierung empfinden und Rücksicht auf sie nehmen, die sie zu eben jenen Taten zwingt, die sie zu mißbilligen vorgibt, und dann ein Kopfgeld für ihre Festnahme anbietet und fremde Söldner mit der Befugnis bewaffnet, sie gefangenzunehmen und zu töten; und,"

„Indes, in der Überzeugung, daß diese Männer zu mutig sind, um bösartig zu sein, zu großzügig, um rachsüchtig zu sein, und zu galant und ehrenhaft, um einen Freund zu verraten oder ein Versprechen zu brechen; und weiter davon überzeugt, daß die meisten, wenn nicht alle Straftaten, die ihnen angelastet werden, von anderen begangen worden sind, und vielleicht von denjenigen, die vorgeben, sie zu jagen, oder von ihren Verbündeten; daß ihre Namen verwendet werden und verwendet wurden, um den Verdacht abzulenken und dadurch die tatsächlichen Täter zu entlasten; daß die Rückkehr dieser Männer zu ihren Familien und Freunden die Verbrechen in unserem Staat erheblich verringern würde, indem sie die Aufmerksamkeit der Öffentlichkeit auf die wahren Kriminellen lenkte und daß gemeinsame Gerechtigkeit, gesunde Politik und wahre Staatskunst gleichermaßen fordern, daß Amnestie ausgedehnt werden sollte auf alle Leute beider Parteien und für alle Taten, die während des Krieges getan oder angeklagt wurden; deshalb sei es"

„*Entschieden vom Repräsentantenhaus, stimmt der Senat darin überein*, Daß der Gouverneur des Staates hiermit gebeten wird, seine Proklamation zu veröffentlichen, die besagten Jesse W. James, Frank James, Coleman Younger, James Younger und anderen, die volle und vollständige Amnestie und Begnadigung für alle Taten gewährt, die sie während des späten Bürgerkriegs begangen haben oder deren sie angeklagt wurden, und sie einladen, friedlich zu ihren jeweiligen Häusern in diesem Staat zurückzukehren und dort ruhig zu bleiben und sich solchen Verfahren zu stellen, wie sie von den Gerichten für alle von ihnen seit besagtem Krieg begangenen Straftaten, wegen derer gegen sie Klage erhoben werden kann, wobei einem jeden von ihnen voller Schutz und ein faires Gerichtsverfahren versprochen und garantiert und ihnen außerdem voller Schutz ab dem Zeitpunkt ihrer Einreise in den Staat und seiner Kenntnis davon unter besagter Verkündigung und Einladung gewährt werden."

Es wurde von Generalstaatsanwalt Hockaday genehmigt, positiv von einer Mehrheit des Komitees für das Strafrecht darüber berichtet, aber während es noch anhängig war, wurde der Farmer Askew, der den Detektiven bei ihrem Überfall auf das Samuels-Anwesen geholfen hatte, nachts von Unbekannten zu seiner Tür gerufen, niedergeschossen und getötet.

Das Gesetz wurde verworfen, Demokraten und konföderierte Soldaten stimmten dagegen.

Für mich war die einzige Anklage gegen mich die ungerechtfertigte wegen des Mordes an dem jungen Judy während des Krieges, aber durch das Scheitern des Gesetzes blieben wir weiterhin geächtet.

23.
Belle Starr

Eine der ergiebigsten Minen für die Geschichtenerzähler, die vorgaben, meine Lebensgeschichte zu schreiben, war die fruchtbare Phantasie von Belle Starr, die jetzt tot ist, Frieden sei ihrer Asche.

Diese Märchen haben erzählt, wie die „Cherokee-Jungfrau sich in den schneidigen Captain verliebt hat." Tatsächlich war Belle Starr keine Cherokee. Ihr Vater war John Shirley, der während des Krieges ein Hotel in Karthago, Missouri, hatte. Im Frühjahr 1864, während ich in Texas war, besuchte ich ihren Vater, der eine Farm in der Nähe von Syene im Dallas County hatte. Belle Shirley war damals 14, und es gab noch zwei oder drei kleinere Brüder.

Das nächste Mal sah ich Belle Shirley 1868 im Bates County, Missouri. Sie war damals die Frau von Jim Reed, der während des Krieges in meiner Gesellschaft gewesen war, und sie wohnte bei seiner Mutter. Das war etwa drei Monate vor der Geburt ihres ältesten Kindes, Pearl Reed, die später als Pearl Starr, nach Belles zweitem Ehemann, bekannt wurde.

Als ich 1871 in Texas Rinder hütete, kamen Jim Reed und seine Frau mit ihren beiden Kindern zu ihren Leuten zurück. Reed war mit den Bundesbehörden in Konflikt geraten, weil er Falschgeld in Los Angeles übergeben hatte und war innerhalb zwei Tagen umgezogen. Belle erzählte ihren Leuten, sie sei es müde, durchs Land zu ziehen und wolle sich in Syene niederlassen. Mrs. Shirley wollte ihnen einen Teil der Farm geben, und da sie von meinem Einfluß auf den Vater wußte, bat sie mich, mich für die jungen Leute einzusetzen. Ich tat es, und er gab ihnen einen Anteil von der Farm, und ich wählte eine Menge Kälber aus einer meiner beiden Herden heraus und gab sie ihnen.

An diesem Tag erzählte mir Belle Reed von ihren Sorgen, und in dieser Nacht warnte mich „Tante Suse", die Dienerin unserer Familie.

„Belle ist ganz gewiß in Sie verliebt, Captain Cole", erklärte sie. „Seien Sie besser vorsichtig."

Mit diesem Hinweis wich ich dann der Frau meines ehemaligen Waffenkameraden aus.

Reed wurde einige Jahre später nach dem Postkutschenraub in der Nähe von San Antonio getötet, und Belle heiratete erneut, diesmal Tom Starr oder Sam Starr.

Später kam sie nach Missouri und reiste unter dem Namen Younger, prahlte mit einer vertrauten Bekanntschaft mit mir, saß eine Zeitlang im Staatsgefängnis ein, und erklärte zu dieser Zeit, daß sie meine Frau und das Mädchen Pearl unser Kind sei.

Zu dieser Zeit hatte ich keine Kenntnis von irgendeiner namens Belle Starr, und ich hatte keine Ahnung, wer sie in Wahrheit war, bis die verstorbene Lillian Lewis, die Schauspielerin, die mit einigen sehr guten Freunden unserer Familie verwandt war, sich auf einer ihrer Touren durch den Südwesten über sie erkundigte. Als sie mich im Gefängnis besuchte, erzählte sie mir, daß Belle Starr die Tochter von John Shirley sei, wodurch ich dann zum ersten Mal einen Hinweis auf ihre Identität hatte.

Ihre Geschichte war eine Erfindung, zweifellos wegen der Bekanntheit, die sie durch den Cherokee-Stamm erhalten würde, wo der Name Younger weithin bekannt war, ob im guten oder schlechten Sinne.

24.
„Captain Dykes"

Den Winter des Amnestie-Erlasses, vor der Missouri-Gesetzgebung, verbrachte ich in Florida, mit Ausnahme einer kurzen Reise nach Kuba. Ich verbrachte den größten Teil der Zeit in Lake City. Ich schickte Bob zur Schule aufs William-and-Mary-College, aber derselbe stolze Geist, der ihn dazu veranlaßte, im Jahre 1872 aus Dallas fortzugehen, zwang ihn, das College zu verlassen, als seine Kommilitonen seinen ungewöhnlichen Namen mit dem des berüchtigten Geächteten aus Missouri, Cole Younger, verbanden. Er kehrte wieder nach Florida zu mir zurück. Ich war „Mr. Dykes", ein Fremder aus dem Norden, und daß ich stets ein Paar Pistolen in meinem Gürtel trug, als Schutzmaßnahme vor Judys Leuten, merkten die Leute von

Lake City erst, als eines Tages das Dorf von einem Rassenkrawall bedroht wurde.

Viele der Schwarzen waren Angehörige eines Negerregiments gewesen, und alle hatten Waffen. Mein Barbier war ein Farbiger von einer anderen Art, und die Schwarzen von Lake City entschlossen sich, ihn aus der Stadt zu vertreiben. Er erzählte mir von dem Plan, und ich nahm nicht viel Notiz davon, bis ich eines Morgens, als ich rasiert wurde, hörte, wie die Verschwörer bei einer Flasche Whisky in einem Nebenzimmer erklärten, was sie tun wollten. Kurz nachdem ich den Laden verlassen hatte, hörte ich einen Pistolenschuß und drehte mich um, um zu sehen, was los war. Ich sah, wie mein Barbier zu mir rannte, während die anderen Dunkelhäutigen in ihre Häuser strebten, um ihre Waffen zu holen. Ich ging ein Stück mit dem Barbier die Straße hinauf, als jemand mich anrief, und ich sah, daß der Lieutenant dieser alten Kompanie uns mit seiner Waffe bedrohte. Ich rannte zu ihm und befahl ihm, indem ich meine Pistole zwischen seine Augen setzte, die Waffe fallen zu lassen, die der Barbier im Handumdrehen an sich nahm. Die Pistole, die im Laden abgefeuert wurde, hatte die Kaufleute alarmiert, von denen jeder eine Pistole besaß, und als die Schwarzen mit ihren Gewehren zum Sammeln auf den öffentlichen Platz kamen, entwaffneten wir sie schneller als es dauert, dies zu erzählen, und sie wurden eingesperrt, um sich abzukühlen.

Danach wurde ich einstimmig „Captain" Dykes genannt, und mußte vorsichtiger sein als zuvor, damit der militärische Titel nicht die Aufmerksamkeit eines neugierigen Ermittlers auf sich ziehen würde, der einen „Mr. Dykes" glatt übersehen hätte.

Der untergetauchte Geächtete wurde während des Rests seines dortigen Aufenthaltes ein bedeutender und respektierter Bürger. Als die Wahl abgehalten wurde, war es „Captain Dykes", der gebeten wurde, die Ordnung bei den Wahlen zu wahren, da er natürlich zwischen den rivalisierenden Kandidaten unparteiisch war; und mit griffbereiten Pistolen sorgte er während einer der aufregendsten Wahlen, die Lake City je erlebte, für perfekte Ordnung.

25.
Der Polizei entwischt

Bob und ich hatten im Herbst des Jahres beinahe einen Zusammenstoß mit der Polizei von St. Louis. Die Bank in Huntington, West Virginia, wurde am ersten September desselben Jahres ausgeraubt, und auf der Jagd nach den Räubern wurde Thompson McDaniels, der im

Krieg mit uns gekämpft hatte, erschossen und tödlich verletzt. In seinem Delirium rief er nach „Bud", und viele, darunter Detective Ely aus Louisville, dachten, er meinte mich, weil ich während des Krieges als „Bud" Younger bekannt war. Diese Tatsache hat achtlose Schreiber dazu gebracht, meinen Bruder Bob mit einigen meiner Abenteuer in Verbindung zu bringen, und in seinem Prozeß hat es dazu gedient, mich zu verdächtigen, obwohl es tatsächlich „Bud" oder Bill McDaniels, Thompsons Bruder war, von dem er phantasierte. Bill war kurz zuvor getötet worden, als er vor der Verhaftung wegen Komplizenschaft beim Muncie-Zugüberfall floh.

Kurz nach dieser Huntington-Affäre kamen Bob und ich aus Florida nach Norden. Wir waren bis nach Nashville geritten und hatten unsere Pferde dort verkauft, die Satteltaschen hatten wir bei uns. Kurz bevor wir in St. Louis ankamen, lasen wir die Morgenzeitungen, die nur über den Huntington-Raubüberfall berichteten und behaupteten, daß die Räuber in Richtung Missouri unterwegs wären. Da wir wußten, daß in St. Louis nach uns Ausschau gehalten werden würde, sagte ich Bob, daß wir irgendwie durchkommen müßten. Es gab einige auswandernde Farmersfamilien aus White County, Tennessee, die in die große Biegung des Arkansas River zogen, wobei die Männer und Güter mit der Fracht vorausgeschickt worden waren.

Wir beschlossen, uns diesen Leuten anzuschließen und uns durchzuschlagen. Wie immer in St. Louis, wenn sie nach jemandem Ausschau hielten, bestiegen viele Detektive den Zug in East St. Louis und gingen hindurch, aber ich war damit beschäftigt, einem der kleinen Jungen den Fluß zu zeigen, und Bob hatte ein kleines Mädchen, das ebenso interessiert an der fremden Stadt vor ihr war. Wir trugen viel Gepäck von den Frauen und gingen durch das Bahnhofsdepot. McDonough, der Chefermittler, stand am Tor und ich sah ihn, als ich ein paar Meter vor ihm vorbeiging, aber er erkannte mich nicht. Wir brachten die Frauen in die Stadt zum Büro, wo sie ihre Rabatte auf ihre Fahrkarten bekamen, und dann brachten wir sie wieder zum Depot und ließen sie, die sehr dankbar für unsere rücksichtsvolle Aufmerksamkeit waren, zurück, obwohl wir ihnen vielleicht doch ebenso tief verpflichtet waren wie sie uns gegenüber, wenn sie alle Fakten gewußt hätten.

Aber ich war entschlossen, keine weiteren Risiken einzugehen, und sagte Bob, er solle in eine Mietdroschke einsteigen, die draußen stand, und wenn wir aufgehalten würden, würde ich mich nach oben setzen und fahren.

Als wir dem Fahrer sagten, er solle zu einem bestimmten Hotel fahren, verwischten wir damit den Verdacht eines Polizisten, der in der

Nähe stand, und er versuchte nicht, uns zu belästigen. Als wir um die Ecke kamen und außer Sichtweite waren, bezahlten wir den Fahrer und fuhren nach Union, wo wir die Nacht verbrachten, und kamen am nächsten Tag nach Little Blue am Missouri Pacific.

26.
Ben Butlers Geld

Die Lage in Missouri änderte sich nicht, soweit es die Younger Brüder betraf. Jeder Raub am hellichten Tage in jedem Teil des Landes, von den Alleghenies bis zu den Rocky Mountains, wurde uns zur Last gelegt; wir konnten nicht ohne ein Paar Pistolen ausgehen, um uns vor möglichen Angriffen zu schützen; und schließlich, nachdem einer der jungen Kerle, der beim Überfall des Missouri Pacific Expreßzuges in Otterville mitgeholfen hatte, „gestanden" hatte, daß wir zu den Räubern gehörten, entschieden wir uns, einmal Beute zu machen und mit unserem Anteil an den Erlösen ein neues Leben in Kuba, Südamerika oder Australien anzufangen.

General Benjamin F. Butler, den wir wegen seiner Erfahrungen in New Orleans während des Krieges meist „Silberlöffel"-Butler nannten, hatte, wie es hieß, in der First National Bank in Northfield, Minnesota, viel Geld investiert, und ebenso J. T. Ames, Butlers Schwiegersohn, der nach dem Krieg der „Reisekoffer"-Gouverneur von Mississippi gewesen war.

Butlers Behandlung der Südstaatler während des Krieges war nicht solcherart, als das wir uns beflissen sahen, auf ihn Rücksicht zu nehmen, und wir fühlten unter den Umständen wenig Bedenken, ihn oder die Seinen auszurauben.

Dementsprechend stellten wir Mitte August einen Trupp zusammen, um Northfield einen Besuch abzustatten, und fuhren mit der Bahn nach Norden. Es gab Jim, Bob und mich, Clell Miller, der der Überfälle in Gad's Hill, Muncie, Corydon, Hot Springs und vielleicht anderer Bank- und Eisenbahnüberfälle beschuldigt worden, aber für keinen von ihnen verurteilt worden war; Bill Chadwell, ein junger Mann aus Illinois, und drei Männer, deren Namen Pitts, Woods und Howard waren.

Wir verbrachten eine Woche in Minneapolis, sahen uns die Sehenswürdigkeiten an, spielten Poker und sammelten Informationen, wonach wir eine ähnliche Zeit in St. Paul verbrachten.

Damals war ich ein ziemlich guter Pokerspieler und hatte im Winter in Florida ungefähr 3.000 Dollar gewonnen, während Chadwell einer der besten Spieler war, die das Spiel je gespielt haben.

Wir beide spielten in dieser Woche in St. Paul das letzte Pokerspiel, denn er sollte bald in Northfield sterben, und in dem Vierteljahrhundert, das seither vergangen ist, ist eine solche Veränderung über mich gekommen ist, daß ich nicht nur keine Lust dazu habe, Karten zu spielen, sondern es mich schon anwidert, Jungs mit Würfeln um Zigarren spielen zu sehen.

Das letzte Spiel war in einer Spielbank in der East Third Street, zwischen der Jackson und der Robert Street, etwa einen halben Block vom Merchants' Hotel entfernt, wo wir Halt machten. Guy Salisbury, der inzwischen Pfarrer geworden ist, war der Besitzer der Spielbank, und Charles Hickson war der Barkeeper. Sie war ein Stockwerk über einem Restaurant von Archie McLeod, der immer noch in St. Paul lebt.

Chadwell und ich waren fast bei 300 Dollar angelangt, als Bob dazukam und darauf bestand, mitzuspielen, worauf wir den Tisch verließen. Ich wollte nie in einem Spiel spielen, wo Bob dabei war.

Früh in der letzten Augustwoche begannen wir mit den Vorbereitungen für den Northfield-Überfall.

27.
Horace Greeley Perry

Als wir uns in St. Paul trennten, sollten Howard, Woods, Jim und Clell Miller nach Red Wing gehen, um ihre Pferde zu holen, während Chadwell, Pitts, Bob und ich nach St. Peter oder Mankato gehen sollten, aber Bob und Chadwell verpaßten den Zug und sie ließen mich in der peinlichen Lage zurück, nicht zu wissen, was ihnen zugestoßen sei. Wir lasen die Zeitungen, konnten aber nichts über irgendeine Verhaftung herausfinden, und Pitts und ich kauften unsere Pferde in St. Peter. Ich wurde King genannt, und einige der Kameraden nannten mich Kongreßabgeordneter King und bestanden darauf, daß ich Ähnlichkeit mit dem Kongreßabgeordneten William S. King aus Minneapolis hatte. Ich kaufte zwei Pferde, eines von einem Mann namens Hodge und das andere von einem Mann namens French, und während wir sie in St. Peter zuritten, machte ich die Bekanntschaft eines kleinen Mädchens, das später eine der eifrigsten Kämpferinnen für unsere Begnadigung war.

Damals noch ein kleines Küken, sagte sie, sie könne auch ein Pferd reiten, und indem ich nach unten griff, hob ich sie vor mir auf das Pferd, und wir ritten auf und ab. Ich fragte nach ihrem Namen und sie sagte, er laute „Horace Greeley Perry", und ich antwortete:

„Kein Wunder, daß du so ein kleines Küken bist, mit einem so großen Namen."

„Ich werde nicht immer klein sein", antwortete sie. „Ich werde ein großes Mädchen sein und ein Zeitungsmann wie mein Papa."

„Wirst du dann immer noch mein Schatz und meine Freundin sein?", fragte ich sie, und sie erklärte, daß sie es sein würde, ein Versprechen, an das ich sie Jahre später erinnern sollte, unter Umständen, von denen ich damals nicht geträumt habe.

Viele Jahre später kam mit einer Gruppe von Besuchern des Gefängnisses ein Mädchen, vielleicht sechzehn, das sich als „Horace Greeley Perry" registrierte.

Ich wußte, daß es auf der Welt keine zwei Frauen mit einem solchen Namen geben konnte, und ich erinnerte sie an ihr Versprechen, ein Versprechen, an das sie sich nicht erinnern konnte, obwohl sie erfahren hatte, wie sie sich mit dem verwegenen bösen Mann angefreundet hatte, der nachher die Bank in Northfield ausraubte.

Sehr bald danach, im Alter von achtzehn, glaube ich, wurde sie, wie sie in der Kindheit geträumt hatte, ein „Zeitungsmann", indem sie das St. Peter Journal herausgab, und zur Stunde meiner Begnadigung war sie eine der unermüdlichsten Arbeiterinnen für uns.

Vor ein paar Jahren zwang sie schlechte Gesundheit dazu, aus Minnesota nach Idaho zu ziehen, und Minnesota verlor eine der klügsten Zeitungsschreiberinnen und eine der besten und treuesten Frauen und loyalsten Freundinnen, die ein Mann jemals kannte. Jim und ich hatten in den letzten Jahren unserer Gefangenschaft eine Menge ernsthafter Fürsprecher, aber niemand übertraf die junge Frau an Hingabe, die als kleines Küken unwissentlich mit dem Banditen geritten war, der so bald lebenslang von all seinen Verwandten und Freunden getrennt werden sollte.

28.
Der Northfield-Überfall

Während Pitts und ich auf Bob und Chadwell warteten, streiften wir umher, und gingen nach Madelia und bis in den östlichen Teil von Cottonwood, um uns mit dem Land vertraut zu machen. Endlich, ein paar Tage später, schlossen sich uns die Jungs an, die ihre Pferde in Mankato gekauft hatten.

Wir teilten uns dann in zwei Gruppen auf und ritten aus verschiedenen Richtungen nach Northfield. Montagabend, den 4. September, war unsere Gruppe im Le Sueur Center, und da das Gericht tagte, mußten wir auf dem Boden schlafen. Das Hotel war voll von Anwälten, und sie hatten mit dem Richter und anderen Gerichtsdienern in dieser Nacht viel zu tun. Dienstagnacht waren wir in Cordova, einem kleinen Dorf im Le Sueur County, und Mittwochabend in Millersburg, elf Meilen westlich von Northfield. Bob und seine Gruppe waren damals in Cannon City, südlich von Northfield. Wir trafen uns am Donnerstagmorgen, den 7. September, ein wenig außerhalb von Northfield, westlich des Cannon River.

An diesem Vormittag fuhren wir in die Stadt, und ich schaute mir die Bank an. Wir aßen an verschiedenen Orten zu Mittag und kehrten dann zum Lager zurück. Während wir den Überfall planten, war es beabsichtigt, daß ich in der Gruppe sein sollte, die in die Bank gehen würde. Ich prägte den Jungs ein, daß, was auch immer geschah, wir niemanden erschießen sollten.

„Was ist, wenn sie anfangen, auf uns zu schießen?", fragte einer.

„Nun", sagte Bob, „wenn Cole so pingelig wegen der Schießerei ist, schlage ich vor, wir lassen ihn draußen bleiben und ihn dort sein Glück versuchen."

So änderten sich in letzter Minute unsere Pläne, und als wir in die Stadt aufbrachen, gingen Bob, Pitts und Howard voraus, mit dem Plan, daß sie uns auf dem Platz erwarten und in die Bank gehen würden, wenn die zweite Abteilung zu ihnen stieße. Miller und ich gingen als zweite, um vor der Bank Wache zu halten, während der Rest der Gruppe an der Brücke auf das Signal warten sollte – einen Pistolenschuß – , falls sie gebraucht würden. Es gab keine auffälligen Sattelpferde, und wir rechneten uns einen beträchtlichen Vorteil aus. Wenn wir vor der Flucht das Telegraphenamt zerstören könnten, würden wir einen guten Start haben, und wenn die Nacht herankäme, wären wir außerhalb von Shieldsville sicher, und am nächsten Tag könnten wir nach Süden über die Grenze zu Iowa reiten und in relativer Sicherheit sein.

Aber zwischen der Zeit, als wir das Lager verließen, und der Zeit, als sie die Brücke erreichten, tranken die drei, die vorausgingen, einen Liter Whisky, und das war der auslösende Fehler in Northfield. Ich wußte vorher nicht, daß Bob trinkt, und ich wußte nicht, daß er an diesem Tag getrunken hatte, bis alles vorbei war.

Als Miller und ich die Brücke überquerten, saßen die drei auf ein paar Trockengutkisten an der Ecke nahe der Bank, und als sie uns sahen, gingen sie direkt in die Bank, anstatt darauf zu warten, daß wir dort ankamen.

Als wir auch ankamen, sagte ich zu Miller, er solle die Eingangstür der Bank schließen, die sie in ihrer Eile offen gelassen hatten. Ich stieg auf der Straße ab und tat so, als würde ich meinen Sattelgurt enger machen. J. S. Allen, dessen Eisenwarenhandlung in der Nähe war, versuchte, in die Bank zu gehen, aber Miller befahl ihm wegzugehen, und er rannte um die Ecke und rief:

„Holt eure Waffen, Jungs; sie rauben die Bank aus."

Dr. H. M. Wheeler, der auf der Ostseite der Division Street in der Nähe des Dampier-Hauses gestanden hatte, rief: „Überfall! Überfall!" und ich rief ihm zu, hinein zu gehen, und schoß gleichzeitig mit einer Pistole in die Luft, als Signal an die drei Jungs auf der Brücke, daß wir entdeckt wurden. Beinahe in demselben Augenblick hörte ich einen Pistolenschuß in der Bank. Chadwell, Woods und Jim ritten auf und schlossen sich uns an, riefen den Leuten auf der Straße zu, sie sollten hineingehen und feuerten ihre Pistolen ab, um ihren Befehlen Nachdruck zu verleihen. Ich glaube nicht, daß sie jemanden getötet haben. Ich habe immer geglaubt, daß der Mann namens Nicholas Gustavson, der auf der Straße erschossen wurde und der, wie man sagte, nicht hineinging, weil er kein Englisch verstand, von einem Schuß aus Mannings oder Wheelers Gewehr getroffen wurde. Wenn irgendjemand von unserer Gruppe ihn erschossen hat, muß es Woods gewesen sein.

Ein Mann namens Elias Stacy, der mit einer Schrotflinte bewaffnet war, feuerte auf Miller, gerade als der auf sein Pferd stieg, und hagelte damit Clells Gesicht voller Vogelschrot. Manning schoß auf Pitts' Pferd und tötete es, was uns sehr behinderte. Inzwischen wurde die Straße unangenehm heiß. Jedes Mal, wenn ich jemanden mit einer auf mich gerichteten Mündung sah, ließ ich mich von meinem Pferd fallen und versuchte, den Schützen nach innen zu treiben, aber ich konnte nicht in alle Richtungen sehen. Ich rief den Jungs in der Bank zu, daß sie herauskommen sollten, denn ich konnte mir nicht vorstellen, was sie so lange darin aufhielt. Mit seinem zweiten Schuß verletzte mich Manning am Oberschenkel und mit seinem dritten Schuß schoß er Chadwell ins Herz. Bill fiel tot aus dem Sattel. Dr. Wheeler, der im Hotel nach oben gegangen war, erschoß Miller, und er lag sterbend auf der Straße.

Endlich kamen die Jungs, die in der Bank waren, heraus.

Bob rannte die Straße hinunter auf Manning zu, der in Lee & Hitchcock's Laden eilte und auf diese Weise hoffte, von hinten auf Bob schießen zu können. Bob jedoch sah Wheeler nicht, der sich im 1. Stock des Hotels hinter ihm aufhielt, und Wheelers dritter Schuß traf Bobs rechten Ellbogen, als er unter der Treppe stand. Bob wechselte seine Pistole in seine linke Hand, rannte hinaus und bestieg Millers Stute. Howard und Pitts waren endlich aus der Bank gekommen. Miller lag auf der Straße, aber wir dachten, er wäre noch am Leben. Ich sagte Pitts, er solle mir helfen, ihn aufzuheben, damit ich ihn mit auf mein Pferd nehmen könnte, aber als wir ihn hochhielten, sah ich, daß er tot war, und ich sagte Pitts, er solle ihn wieder hinlegen. Pitts' Pferd war getötet worden, und ich sagte ihm, ich würde die Menge zurückhalten, während er zu Fuß davonliefe. Ich blieb dort und richtete meine Pistole auf jeden, der seinen Kopf herausstreckte, bis Pitts vielleicht 30 oder 40 Meter gegangen war, und dann, meinem Pferd die Sporen gebend, galoppierte ich dahin, wo er war, und ließ ihn hinter mir aufsitzen.

„Was hat euch so lange aufgehalten?", fragte ich Pitts.

Dann erzählte er mir, daß sie getrunken hatten und die Arbeit in der Bank verpfuscht hatten. Anstatt den ursprünglich geplanten Plan auszuführen, den Kassierer an seinem Fenster zu packen und ohne Unterbrechung zum Safe zu gelangen, sprangen sie direkt über die Theke und erschreckten Heywood gleich zu Beginn. Was den Rest der Affäre in der Bank anbelangt, greife ich auf den Bericht eines Northfield-Erzählers zurück:

„Mit einem Schwung seines Revolvers zeigte einer der Räuber auf Joseph L. Heywood, Chefbuchhalter, der in der Abwesenheit des zuständigen Mitarbeiters als Kassierer fungierte und fragte:

„Bist du der Kassierer?"

„Nein", antwortete Heywood, und die gleiche Frage wurde A. E. Bunker, Kassenbeamter, und Frank J. Wilcox, Hilfsbuchhalter, gestellt, von denen jeder die gleiche Antwort gab.

„Du bist der Kassierer", sagte der Räuber und wandte sich an Heywood, der an der Kasse saß. „Öffne den Safe – schnell, oder ich blase dir den Kopf weg."

Pitts rannte dann zum Tresorraum und trat hinein, woraufhin Heywood ihm folgte und versuchte, ihn einzuschließen.

Einer der Räuber ergriff ihn und sagte:

„Öffne jetzt diesen Safe oder du hast keine Minute mehr zu leben."

„Er hat ein Zeitschloß", antwortete Heywood, „und kann jetzt nicht geöffnet werden.

Howard zog ein Messer aus seiner Tasche und tat, als würde er Heywoods Hals durchschneiden, als er auf dem Boden lag, wohin er in dem Handgemenge geworfen worden war, und Pitts erzählte mir später, daß Howard eine Pistole nah bei Heywoods Kopf abgefeuert hätte, um ihn zu erschrecken.

Bunker versuchte, eine Pistole zu holen, die neben ihm lag, aber Pitts sah seine Bewegung und verprügelte ihn. Sie wurde bei Charley gefunden, als er getötet wurde, als ein weiterer Beweis, um uns als die Männer zu identifizieren, die in Northfield waren.

„Wo ist das Geld, das nicht im Safe ist?", fragte Bob.

Bunker zeigte ihm eine Schachtel mit Kleingeld auf dem Tresen, und während Bob das Geld in einen Getreidesack steckte, nutzte Bunker die Gelegenheit, um aus dem hinteren Fenster zu springen.

Die Fensterläden waren geschlossen, und das verursachte eine kleine Verzögerung, die beinahe tödlich für Bunker war. Pitts jagte ihm Kugeln hinterher. Die erste verfehlte ihn, aber die zweite ging durch seine rechte Schulter.

Als die Männer die Bank verließen, rappelte Heywood sich auf und Pitts schoß ihm in seinem Rausch durch den Kopf und fügte ihm die Wunde zu, die ihn tötete.

Wir hatten keine Zeit, das Telegraphenamt zu zerstören, und der Alarm wurde bald im ganzen Land verbreitet.

Gouverneur John S. Pillsbury bot zuerst eine Belohnung in Höhe von 1.000 Dollar für die Verhaftung der sechs Entkommenen an, und dies änderte er später auf 1.000 Dollar für jeden von ihnen, tot oder lebendig. Die Northfield Bank bot 700 Dollar und die Winona & St. Peter Eisenbahn 500 Dollar.

29.
Eine tödliche Jagd

Ein Stück außerhalb von Northfield trafen wir einen Farmer und liehen uns eines seiner Pferde für Pitts zum Reiten aus. Wir passierten Dundas auf der Flucht, bevor die Nachricht von dem Raubüberfall dort angekommen war, und auch in Millersburg waren wir den Nachrichten voraus, aber in Shieldsville waren wir dahinter. Hier hatte eine Truppe von Männern, die, wie wir später erfuhren, aus Faribault stammten, ihre Gewehre vor einem Haus zurückgelassen. Wir ließen sie nicht an ihre Waffen heran, bis wir unsere Pferde getränkt hatten und weitergeritten waren. Sie holten uns ungefähr vier Meilen westlich von Shieldsville ein, und aus zu weiter Entfernung wurden Schüsse ohne Wirkung auf beiden Seiten ausgetauscht. Eine dieser Kugeln traf mich am Ellbogen, als ich Bobs Pferd führte, und verursachte für eine Minute eine kleine Erhitzung, aber das war alles. Wir befanden uns in einer seltsamen Landschaft. Auf der Prärie waren unsere Karten in Ordnung, aber als wir in die großen Wälder und zwischen die Seen kamen, waren wir praktisch verloren.

Es waren tausend Männer auf unserer Fährte, die an Furten und Brücken, wo man glaubte, daß wir versuchen könnten, sie zu queren, Ausschau nach uns hielten.

In dieser Nacht fing es an zu regnen, und wir verausgabten unsere Pferde. Am Freitag zogen wir nach Waterville, und am Freitagabend lagerten wir zwischen Elysian und German Lake. Am Samstagmorgen ließen wir unsere Pferde zurück und gingen zu Fuß weiter, an diesem Tag haben wir uns auf einer Insel in einem Sumpf versteckt. Wir wanderten die ganze Nacht hindurch und verbrachten den Sonntag ungefähr vier Meilen südlich von Marysburg. Inzwischen hielten unsere Verfolger nach Reitern Ausschau und fanden unsere verlassenen Pferde anscheinend nicht vor Montag oder Dienstag.

Bobs zerschmetterter Ellbogen verlangte häufige Aufmerksamkeit, und in dieser Nacht machten wir nur neun Meilen, und Montag, Montagnacht und Dienstag verbrachten wir in einem verlassenen Farmhaus in der Nähe von Mankato. An diesem Tag entdeckte uns ein Mann namens Dunning und wir nahmen ihn gefangen. Einige der Jungs wollten ihn töten, mit der Begründung, daß „tote Männer keine Geschichten erzählen", während andere darauf drängten, ihn zu fesseln und ihn im Wald zu lassen. Schließlich ließen wir ihn schwören, unseren Aufenthaltsort nicht zu verraten, bis wir Zeit gehabt hätten, zu entkommen, und er versprach, es nicht zu tun. Kaum war er jedoch wieder freigelassen, machte er sich sofort nach Mankato auf, um unsere Anwesenheit auszuplaudern, und nach wenigen Minuten suchte ein weiterer Trupp nach uns.

Da wir vermutet hatten, daß er dies tun würde, waren wir bald unterwegs, und in dieser Nacht entkamen wir der Wache an der Blue Earth River Bridge und kamen gegen Mitternacht durch Mankato. Die Pfeife auf der Ölmühle blies, und wir fürchteten, daß es ein Signal wäre, das vereinbart worden war, um die Stadt zu alarmieren, falls wir beobachtet wurden, aber wir wurden nicht belästigt.

Howard und Woods, die es vorgezogen hätten, Dunning zu töten, und die das Gefühl hatten, durch Bobs Wunde wertvolle Zeit zu verlieren, verließen uns in dieser Nacht und gingen nach Westen. Wie wir später erfuhren, war das sowohl für uns als auch für sie ein Vorteil, denn sie stahlen gleich nach ihrem Weggang zwei Pferde, und der

Trupp folgte der Spur dieser Pferde, ohne zu wissen, daß unsere Gruppe sich geteilt hatte.

Dementsprechend wurden wir nicht verfolgt, nachdem wir einen Kurs in Richtung Madelia zu einer Farm eingeschlagen hatten, wo es, wie ich wußte, ein paar gute Pferde gab, mit denen wir schneller vorankommen konnten.

Wir lebten von dürftigen Rationen, die hauptsächlich aus Mais, Wassermelonen und anderen Gemüsesorten bestanden, aber trotzdem heilte Bobs Arm etwas. Er mußte ihn auf meiner Brust abstützen, damit er schlafen konnte, Jim war auch eingeschränkt wegen einer Wunde in seiner Schulter, und wir konnten nicht viel schlafen. Die Wunde in meinem Oberschenkel beunruhigte mich und ich mußte an einer Krücke gehen, die ich im Unterholz geschnitten hatte. An einem Ort bekamen wir ein Hühnchen und kochten es, nur um unterbrochen zu werden, bevor wir unser Festmahl genießen konnten, da wir schnell Deckung suchen mußten.

An jedem Halt hinterließen wir Spuren von Blut aus unseren Wunden und hätten leicht verfolgt werden können, wären die Verfolger nicht auf die Fährte unserer ehemaligen Gefährten geführt worden.

Nach dem, was ich seither gelesen habe, scheint es jedoch, daß der endgültige Untergang unserer Gruppe geschah, weil ich mich dummerweise auf Colonel Vought, meinen Vermieter des Flanders-Hauses in Madelia, verlassen hatte. Ich hatte mit ihm über eine Brücke zwischen zwei Seen in der Nähe gesprochen, und als dann bekannt wurde, daß die Räuber Mankato passiert hatten, dachte Vought an diese Brücke, und sie wurde von ihm und anderen zwei Nächte lang bewacht.

Als sie die Wache jedoch vernachlässigten, ermahnte er einen norwegischen Jungen namens Oscar Suborn, dort gründlich nach uns Ausschau zu halten, und am Donnerstagmorgen, dem 21. September, nur zwei Wochen nach dem Raubüberfall, sah Oscar uns und lief alarmschlagend in die Stadt. Eine Gruppe von vierzig Mann war bald auf der Suche nach uns, angeführt von Captain W. W. Murphy, Colonel Vought und Sheriff Glispin. Sie holten uns ein, als wir gerade durch einen kleinen Sumpf wateten, und da sie dort mit ihren Pferden nicht hingelangen konnten, wurden sie etwas aufgehalten, weil sie außenherum reiten mußten. Aber sie kamen bald darauf nahe genug an uns heran, daß einer von ihnen meine Krücke mit einem Schuß zersplitterte. Wir waren in Sichtweite zu unseren lang gesuchten Pferden, als sie uns den Weg zu den Tieren abschnitten, und damit unsere letzte Hoffnung zerstörten. Wir befanden uns in der offenen Prärie, umgeben von einer Kette von vierzig Mann, von denen einige zum Kampf bereit schienen. Nicht in der Lage, unseren letzten Kampf gegen eine solche Übermacht auf dem offenen Feld zu bestehen, liefen wir zurück in den Watonwan River und versteckten uns in einigen Büschen.

Wir waren bereit, so lange zu warten, wie sie es taten, aber sie waren nicht von der geduldigen Sorte. Zumindest einige von ihnen waren es nicht, und bald hörten wir den Captain, der, wie wir später erfuhren, W. W. Murphy war, Freiwillige auffordern, mit ihm zu gehen und uns herauszujagen. Sechs traten an die Front, Sheriff Glispin, Colonel L. Vought, B. M. Rice, G.A. Bradford, C.A. Pomeroy und S. J. Severson.

Er stellte sie in einer Entfernung von vier Schritten voneinander auf und befahl ihnen, rasch vorzurücken und das Feuer auf ganzer Linie zu eröffnen, sobald die Räuber entdeckt wurden.

In der Zwischenzeit schmiedeten auch wir Pläne.

„Pitts", sagte ich, „wenn du rausgehen und dich ergeben willst, mach nur."

„Ich werde nicht gehen", antwortete er, kämpferisch bis zum Schluß. „Ich kann ebenso gut sterben wie du."

„Versucht, zu den Pferden zu kommen", sagte ich. „Jeder für sich. Es bringt nichts, hier stehenzubleiben, um einem Kameraden aufzuhelfen, denn wir können ihn hier nicht herausbringen. Greifen wir sie an und versuchen es zu schaffen."

Ich stand als Signal für den Angriff auf und wir feuerten eine Salve ab.

Ich versuchte, meinen Mann zu stehen, und sprang los, aber ehe ich wußte, wie mir geschah, lag ich auf dem Boden und blutete aus Nase und Mund. Bob stand auf und rief:

„Feigling!"

Einer der Burschen in der äußeren Linie, der nicht mutig genug war, sich den Freiwilligen anzuschließen, die sich gemeldet hatten, uns herauszutreiben, war nicht geneigt, an die Übergabe zu glauben, und ließ sein Gewehr trotz des Taschentuchs, das als eine Flagge des Waffenstillstands wehte, auf Bob gerichtet.

Sheriff Glispin aus dem Watonwan County, der Bob die Pistole abnahm, rief dem Kerl dann auch zu:

„Erschieß ihn nur nicht, sonst erschieße ich dich."

Wir alle außer Bob waren beim ersten Feuer zu Boden gegangen. Pitts, durch das Herz getroffen, lag tot da. Jim war, einschließlich der Wunde in der Schulter, die er in Northfield erhielt, fünfmal angeschossen worden, am schwersten war der Schuß, der seinen Oberkiefer zerschmetterte und unter dem Gehirn steckengeblieben war, und ein

Schuß, der unter seiner Wirbelsäule steckte und der ihm bis zu seinem Todestag Ärger machte. Einschließlich jener, die ich in und auf dem Weg von Northfield erhielt, hatte ich elf Wunden.

Eine Kugel hatte Bobs rechte Lunge durchbohrt, aber er war der Einzige, der sich noch auf den Beinen hielt. Sein rechter Arm war nutzlos, und seine Pistole leer, er hatte keine Wahl.

„Ich gebe auf", hatte er geschrien. „Sie wurden alle niedergeschossen außer mir. Kommt schon. Ich werde nicht schießen."

Und der Befehl von Sheriff Glispin, nicht zu schießen, war der Beginn des Protektorats, das die Bevölkerung aus Minnesota über uns errichtete.

Wir wurden an diesem Tag nach Madelia gebracht, und unsere Wunden versorgt, und ich begrüßte meinen alten Vermieter, Colonel Vought, der einer der Sieben gewesen war, die vorausgingen, um uns zu erwischen. Wir wurden in sein Hotel gebracht und eine Wache postiert.

Dann kam die Rede auf Lynchjustiz, von der wir so oft in Missouri gehört hatten. Es hieß, in dieser Nacht würde ein Mob draußen sein, um uns zu lynchen. Sheriff Glispin schwor, daß wir niemals gelyncht werden würden, solange wir seine Gefangenen waren.

„Ich will nicht, daß irgend jemand sein Leben für uns riskiert", sagte ich zu ihm, „aber wenn sie zu uns kommen, geben Sie uns unsere Pistolen, damit wir um unser Leben kämpfen können."

„Wenn sie kommen und ich euch nicht schützen kann", sagte er, „könnt ihr eure Pistolen haben."

Aber der einzige Mob, der kam, war der Mob von Touristen, Reportern und Ermittlern.

30.
Lebenslänglich ins Gefängnis

Am Samstag wurden wir nach Faribault gebracht, der Bezirkshauptstadt des Rice County, in welchem Northfield liegt, und hier wurde noch mehr von Lynchjustiz geredet, aber auch Sheriff Ara Barton war nicht von dieser Art, und wir wurden von der Miliz bewacht, bis die Aufregung abgeklungen war. Ein Polizeibeamter aus Faribault, der den Milizenwächter für einen Bluff hielt, wettete fünf Dollar, daß er ohne Zwischenfälle ins Gefängnis gehen könne. Er blieb nicht stehen, als er dazu aufgefordert wurde, und wurde beschossen und getötet, wobei die Jury des Coroners den Milizsoldaten freisprach, der ihn erschossen hatte. Einige Leute haben uns auch für seinen Tod verantwortlich gemacht.

Chefermittler McDonough aus St. Louis, den ich einige Monate zuvor im Bahnhofsdepot in St. Louis besucht hatte, war unter unseren Besuchern in Faribault.

Ein anderer war Detective Bligh aus Louisville, der damals und wahrscheinlich auch seither davon überzeugt war, ich sei beim Raubüberfall in Huntington, West Virginia, dabei gewesen und versuchte, mich darüber auszuhorchen.

Vier Anklagen wurden gegen uns erhoben. Mit einer beschuldigte man uns, Beihilfe zum Mord an Kassierer Heywood geleistet zu haben, mit einer anderen der versuchten schweren Körperverletzung an Bunker, und mit der dritten des Ausraubens der First National Bank von Northfield. Mit der vierten beschuldigte man mich als Anführer und meine Brüder als Komplizen des Mordes an Gustavson.

Zwei Zeugen hatten vor der Grand Jury ausgesagt, daß ich der Mann wäre, der den Schuß abgefeuert hätte, obwohl ich wußte, daß ich es nicht gewesen sein konnte, da ich in diesem Teil der Stadt keinen Schuß abgefeuert hatte.

Obwohl keiner von uns einen der Schüsse abgegeben hatte, die Heywood oder Gustavson töteten, baten unsere Anwälte Thomas Rutledge von Madelia und Bachelder und Buckham von Faribault, als wir am 9. November angeklagt wurden, darum, daß wir zwei Tage Zeit bekämen, um auf schuldig oder unschuldig zu plädieren.

Sie rieten uns, daß wir als Komplizen vor dem Gesetz ebenso schuldig seien wie die eigentlichen Schuldigen, und daß wir uns schuldig bekennen sollten, da wir damit der Todesstrafe entkommen könnten. Unter den gegebenen Umständen gab es wenig Zweifel an unserer Verurteilung, und unter dem Gesetz, wie es damals stand, wurde ein beschuldigter Mörder, der sich schuldig bekannte, nicht der Todesstrafe unterworfen. Der Staat war jung, und das Gesetz wurde geschaffen, um Mördern einen Anreiz zu geben, dem County die Kosten eines Prozesses zu ersparen.

Der Aufruhr, der unserer Verurteilung zu Gefängnisstrafen folgte, welches Vorgehen im Volksmund „den Galgen betrügen" genannt wurde, führte zur diesbezüglichen Änderung des Gesetzes.

Am folgenden Samstag bekannten wir uns schuldig, und Richter Lord verurteilte uns zu einer lebenslänglichen Haftstrafe im staatlichen Gefängnis in Stillwater, und ein paar Tage später wurden wir von Sheriff Barton dorthin gebracht.

Für Bob war es eine lebenslange Haftstrafe, denn er starb dort am 16. September 1889 an Auszehrung. Er hatte seine körperliche Stärke nie mehr wiedererlangt, nachdem der Schuß beim letzten Kampf in der Nähe von Madelia seine Lunge durchbohrt hatte.

Northfield

Northfield Brücke

Bankgebäude von Northfield.

Schalterbereich der Northfield-Bank.

A. E. Bunker

Joseph L. Heywood

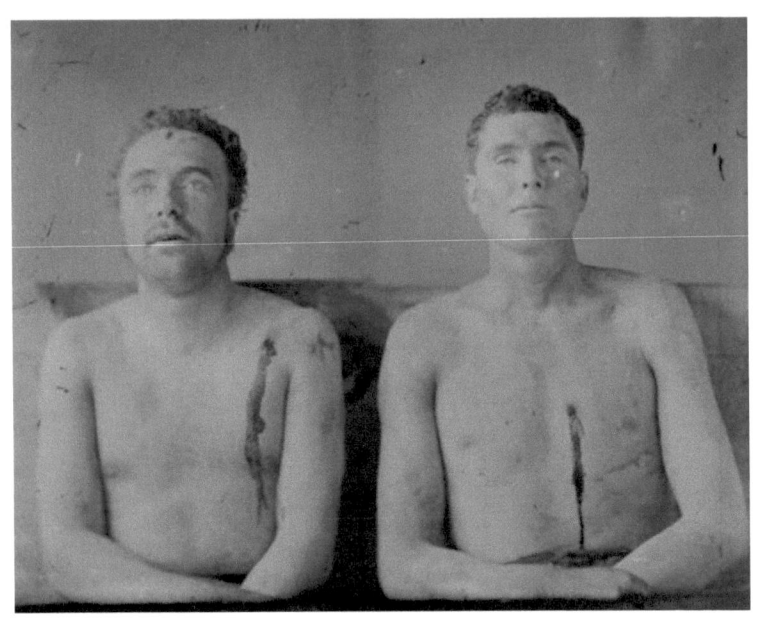

Clell Miller (links) und Bill Chadwell aka Stiles, post mortem.

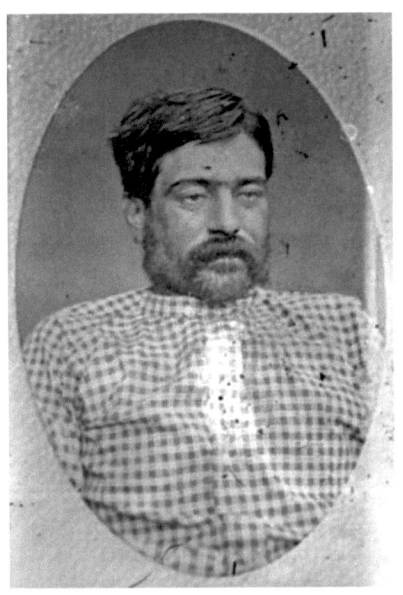

Charlie Pitts, post mortem.

Cole Younger nach seiner Festnahme.

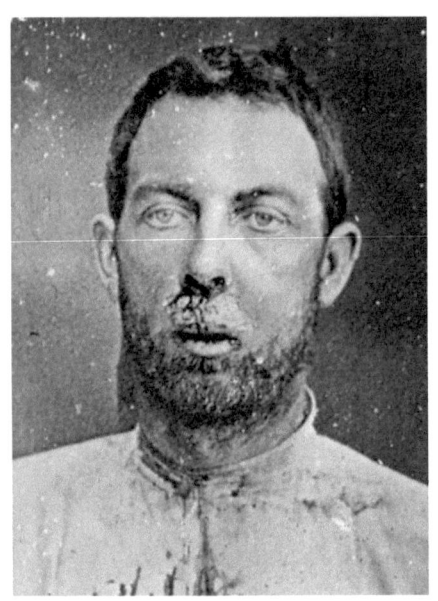

Jim Younger nach seiner Festnahme.

Bob Younger nach seiner Festnahme.

Der Trupp, der die Younger-Brüder verhaftete.

Minnesota State Prison, Stillwater (Gebäude rechts).

Belle Starr, 1886.

Die Younger-Brüder bei einem Besuch ihrer Schwester, 1889.

Cole Younger, 1889.

THE GREAT

Cole Younger
and Frank James

HISTORICAL

Wild West Show

NOW EN ROUTE

The Finest Exhibition of its Class in History

The Charge of the Rough Riders,

The Frontier as It Was,

Indian Warfare, Illustrated by Real Red-Skins,

Dare-Devil Horsemanship,

Marvelous Marksmanship,

The Perils of the Plains.

FRANK JAMES, the Scout, will personally direct every performance.

The whole under the general supervision of COLE YOUNGER.

H. E. ALLOTT, Manager.

Plakat der Wild-West-Show von Cole Younger und Frank James.

31.
Ein wenig private Geschichte

Jede Mord-und-Totschlag-Geschichte der Younger-Brüder behauptet, daß Frank und Jesse James die zwei Mitglieder der Bande waren, die in Northfield die Bank betreten hatten, und die der Festnahme oder dem Tod entkamen.

Sie waren es jedoch nicht. Einer dieser beiden Männer wurde später in Arizona getötet und der andere starb einige Jahre später an einem Fieber.

Es gab Gründe, warum die James- und die Younger-Brüder nicht gemeinsam an einem solchen Projekt wie dem in Northfield teilnehmen konnten.

Frank James und ich kamen kurz vor dem Überfall auf Lawrence als Soldaten zusammen. Er war ein guter Soldat, und während er nie höher als ein Gemeiner war, waren die Unterschiede zwischen den Offizieren und den Männern in Quantrills Befehl nicht so fein gezeichnet wie heute im militärischen Leben. Bereits 1862 schlossen Frank James und ich eine Freundschaft, die bis heute besteht.

Jesse James habe ich, wie ich bereits erwähnt habe, erst im Frühsommer 1866 kennengelernt. Die Tatsache, daß wir alle mit Truppen zusammenstoßen konnten, wenn wie es am wenigsten erwarteten, gab uns eine Gemeinsamkeit; das einzige, was wir jemals gemein hatten, obwohl wir durch meine Freundschaft mit Frank James mehr oder weniger zusammengeworfen wurden.

Mein Ärger mit Jesse begann 1872, als George W. Shepherd nach Lee's Summit zurückkehrte, nachdem er eine Gefängnisstrafe in Kentucky für den Bankraub in Russellville im Jahre 1868 verbüßt hatte.

Jesse hatte mir erzählt, daß Shepherd es auf mich abgesehen hätte, und dementsprechend war ich eines Nachts, als Shepherd spät ins Haus von Silas Hudspeth kam, wo ich mich aufhielt, auf Schwierigkeiten vorbereitet, wie ich es ohnehin immer war.

Als Shepherd rief, schloß Hudspeth die Tür wieder und sagte mir, wer draußen sei. Ich sagte „Laß ihn rein", und trat mit der Pistole in der Hand zur Tür. Ich sagte:

„Shepherd, ich bin hier drin; du hast kein Problem damit, oder?"

„Das ist in Ordnung", antwortete er. „Natürlich habe ich kein Problem damit." Wir drei redeten bis zum Schlafengehen, als Hudspeth uns bat, alle ein und dasselbe Bett zu besetzen. Ich kletterte nach hinten und nahm wie üblich meine Pistole mit ins Bett. Shepherd sagte, daß er in dieser Nacht keine Sekunde geschlafen habe, aber ich tat es. Beim Frühstück am nächsten Morgen sagte ich:

„Ich habe gestern gehört, daß du beabsichtigst, mich zu töten; hast du die Nerven verloren?"

„Wer hat dir denn das erzählt, Cole?", antwortete er.

„Ich habe Jess gestern getroffen und er hat mir gesagt, daß du mir diese Nachricht durch ihn hättest schicken lassen."

Bald darauf traf ich Jesse James, und hätten sich nicht Freunde eingemischt, hätten wir es an Ort und Stelle mit Pistolen ausgetragen.

Mein Gefühl gegenüber Jesse wurde im letzten Teil dieses Jahres noch bitterer, als er nach dem Raub der Jahrmarktskasse in Kansas City einen Brief an die Zeitung dieser Stadt schrieb, in dem er erklärte, er und ich seien des Raubes beschuldigt worden, er könnte aber ein Alibi vorweisen. Soweit ich weiß, war dies das erste Mal, daß mein Name in Zusammenhang mit dem Kansas City-Raub erwähnt wurde.

Im Jahr 1874, als Detective Whicher auf dem Weg zur Verhaftung von Frank und Jesse James ermordet wurde, war ich wütend darüber, daß Jesse und seine Freunde Whicher von Kearney auf die südliche Seite des Flusses gebracht hatten, was sie, wie ich damals glaubte, taten, um den Verdacht auf die Jungs im Jackson County zu lenken, von denen ich vermutlich am ehesten die Schuld zugeschoben bekommen würde. Inzwischen habe ich jedoch von den Männern, die Whicher töteten, erfahren, daß Jesse ihn nicht töten wollte, sondern seiner Geschichte geglaubt hatte und geneigt gewesen sei, ihn als Wandergenossen willkommen zu heißen.

Whicher erklärte, er habe seine Frau und seine Kinder im Osten ermordet und suche Zuflucht vor den Gesetzeshütern. Aber Jesses Kameraden waren skeptisch, und als sie bei Whicher eine Pistole mit Pinkertons Signatur fanden, ritten sie mit ihm nach Kansas City, um ihn dort auf der Straße zu ermorden. Kurz nachdem sie zur Independence-Seite des Flusses gegangen waren, hinderte das Geräusch eines Wagens auf dem gefrorenen Boden sie daran, den Job zu erledigen, wo sie waren, da es fast Tagesanbruch war und sie nicht mit ihrem Gefangenen gesehen werden wollten.

Aber Jesse und ich waren zu keiner Zeit nach der Shepherd-Affäre befreundet und nie in irgendwelchen Unternehmungen verbunden.

32.
Verloren – fünfundzwanzig Jahre

Als die eisernen Türen im Stillwater-Gefängnis sich hinter uns schlossen, unterwarf ich mich der Gefängnisdisziplin mit dem gleichen bedingungslosen Gehorsam, den ich während meines Militärdienstes befolgt hatte, und Jim und Bob, denke ich, taten dasselbe.

Gefängnisdirektor Reed blieb für zehneinhalb Jahre nach unserer Ankunft. Die ersten drei Jahre war die Vorstellung weit verbreitet, daß solche gefährlichen Männer wie die Youngers nicht lange hinter Gefängnismauern bleiben würden, und daß in unserem Fall besondere Wachsamkeit geübt werden muß. Dementsprechend wurden wir drei zur Herstellung von Kübeln und Wannen bestellt, mit Ben Cayou über uns als speziellen Bewacher, während wir in unseren Träumen mit Ben Butlers Geld nach Südamerika gereist waren.

Dann wurden wir in die Drescherfabrik gebracht. Ich machte die Siebe, während Jim die Riemen nähte und Bob die Strohträger und Winden herstellte.

Den letzten Teil des Reed-Regimes war ich im Lagerraum.

Am 25. Januar 1884, als wir mehr als sieben Jahre im Gefängnis waren, wurde das Hauptgefängnisgebäude nachts durch Feuer zerstört. George P. Dodd, der damals im Gefängnis zu tun hatte, während seine Frau Wirtschafterin war, und der immer noch in Buffalo, Minnesota lebt, sagte über unser Verhalten in dieser Nacht:

„Ich sollte die weiblichen Sträflinge aus ihren Zellen holen und sie in einen kleinen Raum verlegen, der nicht verschlossen werden konnte. Die Youngers gingen vorbei und Cole fragte, ob sie irgendeinen Dienst leisten könnten. Ich sagte: „Ja, Cole. Könnt ihr drei Jungs auf Mrs. Dodd und die Frauen aufpassen?" Cole antwortete: „Ja, das werden wir, und wenn Sie je Vertrauen in uns hatten, legen Sie es jetzt in uns."

Ich sagte ihm, daß ich volles Vertrauen hätte und ich gab Cole eine Pistole, da ich zwei hatte. Jim, denke ich, hatte einen Axtgriff und Bob ein kleines Brecheisen. Die Jungs standen stundenlang vor der Tür des kleinen Zimmers und holten sogar die Decken hervor, die sie aus ihren Zellen mitgebracht hatten, und gaben sie den Frauen, damit sie sich wohler fühlten, weil es sehr kalt war. Als ich die Frauen übernehmen und die Jungs ablösen konnte, gab Cole mir meinen Revolver zurück."

Am nächsten Morgen wurde Gefängnisdirektor Reed mit Telegrammen und Zeitungsberichten überschwemmt: „Paßt gut auf die Youngers auf!" „Sind die Youngers entkommen?" „Verschwörung, um die Youngers zu befreien", und so weiter.

Der Direktor ging zu seinem Stellvertreter, Abe Hall, und schlug vor, daß wir in Eisen gesteckt werden, aber nicht, weil er sich wegen uns sorgte, sondern wegen der Wirkung auf die Öffentlichkeit.

„Ich werde ihnen keine Eisen anlegen", antwortete Hall.

Und an diesem Tag brachten Hall und Richter Butts uns in einem Schlitten in die Stadt zum Bezirksgefängnis, wo wir drei oder vier Wochen blieben. Das war das einzige Mal, daß wir zwischen 1876 bis 1901 außerhalb der Gefängnistore waren.

Als H. G. Stordock das Gefängnis leitete, wurde ich zum Bibliothekar befördert, während Jim die Post austrug und Bob dem Verwalter half, wo wir während der Dienstzeit der Direktoren Randall und Garvin blieben, mit Ausnahme von Bob, der wegen seiner Schwindsucht immer mehr auszehrte und im September 1889 starb.

Als Direktor Wolfer ins Gefängnis kam, beauftragte er Jim mit der Post und der Bibliothek, und ich wurde vorübergehend in der Wäscherei beschäftigt, während das neue Krankenhausgebäude fertiggestellt wurde. Ich wurde dann im Krankenhaus zum Chefpfleger ernannt und blieb dort bis zu dem Tag, an dem wir auf Bewährung entlassen wurden, Direktor Reeve, der zwei Jahre lang unter der Leitung von Gouverneur Lind dort war, verließ uns dort.

Jeder dieser Gefängnisdirektoren war unser Freund und auch die stellvertretenden Direktoren. Abe Hall, Will Reed, A. D. Westby, Sam A. Langum, T. W. Alexander und Jack Glennon waren alle unsere Parteigänger. Wenn irgendein Leser einen Namen aus dieser Liste der stellvertretenden Direktoren vermißt, gibt es nichts, was ich für oder gegen diesen sagen möchte.

Dr. Pratt, der Gefängnisarzt war, als wir nach Stillwater gingen, Dr. T. C. Clark, der sein Assistent war, und Dr. B. J. Merrill, der seither Gefängnisarzt war, waren überzeugte Parteigänger der Youngers in den Bemühungen unserer Freunde, unsere Begnadigung zu erwirken. Und die jungen Ärzte, mit denen ich während ihres Dienstes als Assistenz-Gefängnisärzte eng verbunden war, die Doktoren Sidney Boleyn, Gustav A. Newman, Dan Beebe, A. E. Hedbeck, Morrill Withrow und Jenner Chance waren am eifrigsten in unserer Sache bemüht.

Auch die Verwalter, Benner, und während des Reeve-Regimes Smithton, mit dem ich als Chefpfleger in direktem Kontakt stand, hatte nie Schwierigkeiten mit mir, obwohl Benner mit einem Augenzwinkern zu mir sagte:

„Cole, ich glaube, du kommst für deine Patienten dort Pfirsiche holen, lange nachdem sie tot sind."

Die Patienten in diesem Krankenhaus bekamen, unter Vorbehalt der Erlaubnis des Arztes, stets alle Delikatessen, die sie wollten, wenn das, was sie wollten, irgendwo in Stillwater oder in St. Paul zu finden war. Das Gebäude des Gefängniskrankenhauses ist für eine solche Nutzung nicht geeignet, und es wird ein neues Krankenhausgebäude benötigt, aber es gibt keine Schuld an der Art und Weise, in der die kranken Gefangenen in Stillwater versorgt werden.

Wenn ein neues Krankenhausgebäude hinzugefügt und das gegenwärtige Krankenhaus in eine Irrenanstalt umgewandelt würde, könnte Stillwater tatsächlich ein Mustergefängnis sein.

Mir fehlen die Worte, wenn ich meiner Dankbarkeit gegenüber der Schar der Freunde Ausdruck verleihen sollte, die sich in den späteren Jahren unserer Gefangenschaft in Stillwater für unsere Sache einzusetzen pflegten, und besonders für Direktor Henry Wolfer und seine Familie, von denen jeder Jim und mir ein wahrer Freund war.

33.
Der Stern der Hoffnung

Trotz der allgemeinen Empörung, die unser Verbrechen zu Recht verursacht hatte, gab es seit dem Tag, an dem sich die Eisentore 1876 hinter uns schlossen, stets Freunde, die auf unsere endgültige Befreiung hofften und Pläne schmiedeten. Einige davon waren fehlgeleitet und haben uns mehr geschadet als gut getan.

Darunter befanden sich zwei ehemalige Guerillas, die kleine Verbrechen begingen, die sie ins Gefängnis bringen sollten, damit sie dort unsere Flucht planen könnten. Einer von ihnen wurde nur ins Bezirksgefängnis geschickt, der andere saß ein Jahr im Gefängnis in Stillwater ein, ohne uns jemals zu sehen.

Gut gemeint, aber unglücklich, war die Aussage von Freunden aus Missouri in Minnesota, daß sie 100.000 Dollar sammeln könnten, um uns aus Stillwater zu holen.

Aber im Laufe der Jahre ließ die allgemeine Abneigung gegen uns nicht nur nach, sondern unsere absolute Unterwerfung unter die kleinsten Einzelheiten der Gefängnisdisziplin brachte uns Achtung ein, ich könnte sogar sagen, die hohe Wertschätzung der Gefängnisbeamten, die mit uns in Kontakt kamen. Und als die Tragödie von Northfield immer mehr in den Hintergrund rückte, wurden diejenigen, die unsere Begnadigung verlangten, immer zahlreicher und zählten in ihren Reihen mehr und mehr zu den einflußreichen Leuten des Staates, die glaubten, unser Verbrechen sei gesühnt worden, und daß Jim und ich, die einzigen Überlebenden der Tragödie, würdige Bürger wären, wenn wir in die Freiheit zurückkehren würden.

Meine Freunde aus Missouri sind überrascht, daß ich Freund-
schaften in Minnesota eingegangen bin, einem Staat, in dem ich so viel
Ärger hatte, aber trotz Northfield und all seiner tragischen Erin-
nerungen habe ich in Minnesota einige der besten Freunde, die ein
Mann je auf der Erde hatte.

Jeder Gouverneur von Minnesota von 1889 bis 1899 wurde um
unsere Begnadigung gebeten, aber keiner von ihnen hielt eine vollständige Begnadigung für ratsam, und das von der aufgeklärten
Humanität des Staates für andere Verurteilte bereitgestellte Bewährungssystem galt nicht für Lebenslängliche.

Unter diesem System kann ein Verurteilter, dessen Gefängnis-
register positiv ist, nach Ablauf der Hälfte der Strafe, für die er
verurteilt wurde, aufgrund seines guten Verhaltens begnadigt werden.

Die wiederholten Bitten um unsere Begnadigung, die von Männern
kamen, denen die Gouverneure Vertrauen schenkten und die sie zu
einer Begnadigung drängten, die sie nicht gewähren wollten, führte zu
einem Gefühl, das schließlich in offiziellen Kreisen zum Ausdruck
kam, daß die Verantwortung zur Gewährung der Begnadigung durch
die Schaffung eines Begnadigungsausschusses, wie dieser in einigen
anderen Staaten besteht, geteilt werden sollte.

Es wurde zuerst vorgeschlagen, daß der Ausschuß aus dem Gouverneur, dem Generalstaatsanwalt und dem Gefängnisdirektor bestehen
sollte, aber bevor der Gesetzentwurf verabschiedet wurde, sicherte sich
Senator Allen J. Greer den Austausch des Obersten Richters für den
Direktor, und prahlte, als die Änderung gemacht wurde:

„Das setzt die Youngers so lange fest, wie der Oberste Richter Start
lebt."

Ein einstimmiges Votum des Ausschusses war erforderlich, um eine
Begnadigung zu gewähren, und da der Oberste Richter Start zum
Zeitpunkt des Überfalls 1876 in der Nähe von Northfield gelebt hatte,
glaubten viele Menschen, daß er niemals unserer Begnadigung zustimmen würde.

In der Legislaturperiode von 1889 bemühten sich unsere Freunde,
das Bewährungssystem auf lebenslang Gefangene auszudehnen, und
sorgten für die Einführung eines Gesetzentwurfs in der Legislaturperiode, der vorsah, daß lebenslang Gefangene auf Bewährung entlassen werden könnten, wenn sie ihre Strafe so lange abgesessen hätten,
wie für ihre Freilassung erforderlich wäre, wenn sie zu 35 Jahren Haft
verurteilt worden wären. Der Entwurf stammte von George M.
Bennett aus Minneapolis, der sich sehr in unserem Fall bemüht hatte
und von Senator George P. Wilson aus Minneapolis in den Senat ein-
geführt wurde. Da der Straferlaß bei guter Führung für eine 35-jährige

Haftstrafe auf 23 bis 24 Jahre gekürzt würde, hätten wir in wenigen Monaten begnadigt werden können.

Obwohl es auch noch einen anderen Insassen des Gefängnisses gab, der unter seine Bestimmungen fallen könnte, wurde es allgemein als „Youngers-Begnadigungsgesetz" bezeichnet, und die Abneigung dagegen wurde weitgehend mit der Abneigung gegen uns gleichgesetzt. Mir wurde jedoch nach meiner Freilassung gesagt, daß es in dieser Sitzung durchgewunken worden wäre, wenn man nicht Angst vor der „Geldverschwendung" gehabt hätte. Es wurde nie ein Dollar in Minnesota ausgegeben, um unsere Begnadigung zu erwirken, und vor unserer Freilassung arbeiteten einige der besten Männer und Frauen im Staat für uns, ohne Geld und ohne Belohnung. Dennoch verhinderte dieser Widerstand 1899 das Gesetz.

Aber unsere Freunde ließen sich nicht entmutigen.

Bei der nächsten Legislaturperiode 1901 wurde endlich der Gesetzentwurf verabschiedet, der unsere Bewährung erlaubte, da die Begnadigungsbehörde nicht bereit war, uns unsere volle Freiheit zu gewähren. Dieser Gesetzentwurf sah die Bewährung von jedem lebenslänglich Verurteilten vor, der seit 20 Jahren eingesperrt war, bei der einstimmigen Zustimmung des Begnadigungsausschusses.

Der Gesetzentwurf wurde von dem Abgeordneten P. C. Deming aus Minneapolis im Repräsentantenhaus eingebracht, und unter denjenigen, die sich für seine Verabschiedung einsetzten, war der Abgeordnete Jay W. Phillips, der als Junge am Tag unseres Überfalls auf Northfield von der Straße vertrieben worden war. Senator Wilson, der den Gesetzesentwurf eingebracht hatte, der 1899 gescheitert war, war wieder ein überzeugter Unterstützer und führte den Kampf für uns im Senat an.

Der Vorstand der Gefängnisleitung gewährte sofort die Begnadigung, deren Hauptbedingungen wie folgt waren:

„Er darf nicht in irgendeinem Groschenmuseum, Zirkustheater, Opernhaus oder irgendeinem anderen öffentlichen Vergnügungs- oder Versammlungsort auftreten, wo eine Eintrittsgebühr erhoben wird."

„Er soll am 20. jeden Monats dem Direktor des Staatsgefängnisses einen Bericht von sich selbst schreiben, aus dem hervorgeht, ob er während des letzten Monats ständig gearbeitet hat und wenn nicht, warum nicht; wie viel er verdient hat und wie viel er ausgegeben hat, zusammen mit einer allgemeinen Aussage über seine Umgebung und seine Aussichten, die von seinem Arbeitgeber bestätigt werden müssen."

„Er soll sich in jeder Hinsicht ehrlich verhalten, schlechte Gesellschaft vermeiden, gesetzestreu sein und auf den Gebrauch berauschender Getränke verzichten."

„Er soll den Staat Minnesota nicht verlassen."

Die Bewährung wurde einstimmig von den Herren B. F. Nelson, F. W. Temple, A. C. Weiss, E. W. Wing und R. H. Bronson vom Gefängnisrat bestätigt und von Direktor Henry Wolfer empfohlen.

Der Begnadigungsausschuß sagte bei der Verkündigung unserer Bewährung:

„Wir sind überzeugt, daß die Antragsteller in diesem Fall durch ein außergewöhnlich gutes Verhalten im Gefängnis seit einem Vierteljahrhundert, und die Beweise, die sie von der aufrichtigen Besserung gegeben haben, das Recht auf eine Bewährung verdient haben, wenn irgendein zu lebenslanger Haft verurteilter Gefangener das haben kann."

Und am 14. Juli 1901 gingen Jim und ich nach fünfundzwanzig Jahren zum ersten Mal, abgesehen von wenigen Monaten, in die Welt hinaus.

Selbst Rip van Winkle[1] war nicht so lange fort gewesen. St. Paul und Minneapolis, wo, als wir 1876 dort waren, weniger als 75.000 Menschen wohnten, waren zu Städten angewachsen, in deren Grenzen über 350.000 Menschen lebten. Ein Dutzend Eisenbahnlinien endeten in dem einen oder anderen dieser Geschäftszentren, die wir als als bloße Grenzstädte kennengelernt hatten.

34.
Auf Bewährung

Unsere ersten Arbeitsstellen nach unserer Entlassung aus dem Gefängnis waren im Dienst der P. N. Peterson Granite Company aus St. Paul und Stillwater, Mr. Peterson kannte uns seit Beginn unseres Gefängnislebens.

Wir erhielten jeden Monat 60 Dollar plus Auslagen. Jim sollte sich um einige Büroarbeiten kümmern und Bestellungen in unmittelbarer Nähe von Stillwater entgegennehmen. Er arbeitete hauptsächlich im Washington County, und mit einem Pferd und einem Wagen, aber war kaum zwei Monate dort beschäftigt gewesen, als das plötzliche Anziehen des Pferdes, als er aus dem Wagen stieg, seine gelegentlichen Schwierigkeiten mit der unter der Wirbelsäule steckenden Kugel ver-

---

[1] Anm. d. Ü. Eine Romanfigur des amerikanischen Schriftstellers Washington Irving, die 20 Jahre ihres Lebens verschlief.

schlimmerte, worauf er gezwungen war, eine andere Beschäftigung zu finden.

Danach ging er in die Zigarrenabteilung der Lebensmittelfirma Andrew Schoch in St. Paul, und nach einigen Monaten arbeitete er bei Major Elwin von der Elwin Zigarrenfirma in Minneapolis, wo er bis wenige Tage vor seinem Tod blieb.

Ich reiste für die Firma Peterson bis zum Nov. 1901, fast in ganz Minnesota herum. Aber der Wechsel von der Regelmäßigkeit der Gefängnisstunden zu den unregelmäßigen Stunden, Mahlzeiten und verschiedenen Veränderungen, denen der Vertreter unterworfen ist, war zu viel für mich, und ich kehrte nach St. Paul zurück, um in den Dienst von Edward J. und Hubert C. Schurmeier zu treten, die sich sehr um meine Begnadigung bemüht hatten, und in den James Nugents am Interstate Institut für die Heilung der Alkohol- und Morphiumsucht, in der Rosabel Street in St. Paul.

Dort blieb ich mehrere Monate und wurde dann von John J. O'Connor, dem Polizeichef von St. Paul, zur Erledigung privater Dinge beschäftigt, um die er sich nicht selbst kümmern konnte.

35.
Jim gibt auf

Die Kugel, die Jim in unserem letzten Kampf in der Nähe von Madelia erhalten hatte, zerschmetterte seinen Oberkiefer und blieb in der Nähe seines Gehirns stecken, bis sie von Dr. T. G. Clark entfernt wurde. Die Kugel hatte Jim, nachdem wir im Gefängnis von Stillwater waren, während seines ganzen Gefängnislebens geplagt, und er hatte regelmäßig wiederkehrende Perioden der Depression, während der er alle Hoffnung aufgab, und in seiner düsteren Stimmung wies er das Mitleid derjenigen zurück, die ihn aufmuntern wollten.

Ich erinnere mich, daß er zur Zeit des Brandes 1884 in einer dieser depressiven Phasen war, aber die damalige Aufregung belebte ihn, und er war für eine geraume Weile wieder er selbst.

Nach unserer Entlassung aus dem Gefängnis bewirkten Jims prekäre Gesundheit und das Verbot, wieder zu seiner Familie in Missouri zurückzukehren, daß diese Anfälle von Depression häufiger wurden. Während er für Major Elwin arbeitete, ging er, anstatt seine freien Nachmittage unter Männern zu verbringen oder den Sonnenschein und die Luft zu genießen, die so lange unerreichbar gewesen waren, in sein Zimmer und schwelgte in sozialistischer Literatur, die nur dazu diente, einen bereits mit Problemen überladenen Geist zu überlasten.

Ich für meinen Teil habe versucht, wieder in die Welt zu kommen, um die Vergangenheit zu vergessen, und ich konnte es, und genoß die Theater, obwohl Jim erklärte, daß er nie eines betreten würde, bis er als ein freier Mann dorthin gehen könnte. Im Juli ersuchten er und einige seiner Freunde den Begnadigungsausschuß um eine vollständige Begnadigung, aber der Ausschuß war der Meinung, daß es zu früh sei, dies in Betracht zu ziehen, da man glaubte, daß wir eine Weile unser gutes Benehmen beweisen sollten.

Das führte bei Jim zu einem weiteren depressiven Anfall. Er nahm es sich sehr zu Herzen und gewann nie wieder seine fröhliche Stimmung zurück, denn wenn er oben war, war er ganz oben, und wenn er unten war, ganz unten. Es gab keinen Mittelweg für Jim.

Im Oktober 1902 verließ er Major Elwin und erwartete, nach St. Paul zu gehen, um für Yerxa Bros. zu arbeiten.

Aber am Sonntagnachmittag, dem 19. Oktober, wurde seine Leiche in einem Zimmer des Reardon Hotels an der Ecke Seventh und Minnesota Street in St. Paul gefunden, wo er gewohnt hatte, seit er Minneapolis verlassen hatte. Seine Reisetruhe war an Freunde geschickt worden, und es gab Anzeichen dafür, daß er seinen Tod sorgfältig geplant hatte. Ein Einschußloch über seinem rechten Ohr und eine Pistole in der Hand sprachen für Selbstmord. Dr. J. M. Finnell, der als amtierender Coroner vorgeladen wurde, entschied, daß er sich am frühen Vormittag selbst erschossen haben mußte, obwohl die Nachbarn in dem Block durch keinen Schuß gestört worden waren.

Ich war damals krank im Bett, und mein Arzt, Dr. J. J. Platt, verbot mir, irgend etwas zu unternehmen, aber Jims Leichnam wurde in meinem Auftrag von Polizeichef O'Connor übernommen und nach Lee's Summit, Missouri, getragen, unserer alten Heimat im Jackson County, wo er zur Ruhe gebettet wurde.

Die Sargträger waren G. Wigginton, O. H. Lewis, H. H. McDowell, Sim Whitsett, William Gregg und William Lewis, alles alte Nachbarn oder Kameraden während des Krieges.

Einige Leute kamen auf die Idee, daß es Jims Wunsch war, eingeäschert zu werden, aber dieser Glaube entstand aus einem Brief, den er hinterlassen hatte und der seinen düsteren Zustand zeigte. Er kritisierte Gouverneur Van Sant, Direktor Wolfer und den Begnadigungsausschuß heftig, erklärte sich für den Sozialismus, und drängte Bryan, sich dafür einzusetzen.

Auf der Außenseite des Umschlags stand geschrieben:

„Alle Verwandtschaft soll mir fern bleiben. Keine Krokodilstränen erwünscht. Reporter, seid freundlich. Verheizt mich. – Jim Younger."

Ich denke, das „Verheizt mich" war an die Reporter gerichtet. Jim hatte immer das Gefühl, daß die Zeitungen uns übelgesonnen waren, obwohl einige von ihnen überzeugte Befürworter für unsere Begnadigung waren. Am Tag unserer Freilassung sagte Jim zu einer uns besuchenden Zeitungsredakteurin:

„Wenn wir raus kommen, möchten wir in Ruhe gelassen werden. Wir wollen nicht angestarrt werden und wir wollen nicht interviewt werden. Seit fünfundzwanzig Jahren sind wir hier, damit Männer uns anstarren und uns befragen, und dann zurückgehen und aufschreiben, was sie denken und glauben. Es ist schlimm, daß Leute Dinge über dich schreiben, die nicht wahr sind, und dir Worte in den Mund legen, die du nie gesagt hast."

An solche Zeitungsleute, glaube ich, hat Jim seine Botschaft „Burn me up" oder „Verheizt mich" geschickt.

36.
Wieder frei

Jims tragischer Tod brachte die Youngers wieder in die Öffentlichkeit, und abgesehen von jeder Bemühung von mir gab es eine erneute Diskussion darüber, ob es ratsam wäre, mir, dem einzigen Überlebenden der Bande, die Northfield überfallen hatte, eine vollständige Begnadigung zu gewähren.

Bei der nächsten vierteljährlichen Sitzung des Ausschusses, die im Januar dieses Jahres stattfand, wurde die Angelegenheit aufgegriffen, und die Kammer prüfte meinen Antrag, der für eine vollständige oder bedingte Begnadigung, wie es der Ausschuß für angebracht hielt, galt.

Es wurde in meinem Namen darauf gedrängt, daß die Klausel, die mich auf Minnesota beschränkt, eine wäre, die man gut abschaffen könnte, da sie mich davon abhielte, mich zu meinen Freunden und Verwandten in Missouri zu gesellen und mich in einem Staat festsetzte, dessen Bevölkerung nicht wirklich Wert auf meine Gesellschaft legte, obwohl so viele sehr freundlich und herzlich zu mir waren.

Dagegen wurde gedrängt, daß der Ausschuß, während ich im Staate sei, eine Aufsicht über meine Beschäftigung und Bewegungen ausüben könne, deren Fortführung zweckmäßig sei.

Nach sorgfältiger Prüfung der verschiedenen Argumente für und wider meine vollständige Begnadigung entschied die Kammer dagegen, aber in einer besonderen Sitzung am 4. Februar 1903 stimmte sie einstimmig für eine bedingte Begnadigung wie folgt:

„Nach sorgfältiger Abwägung dieser Angelegenheit, mit einem scharfen Verständnis unserer Pflicht gegenüber der Öffentlichkeit und gegenüber dem Antragsteller, sind wir zu dem Schluß gekommen, daß sein Verhalten für fünfundzwanzig Jahre im Gefängnis und sein späteres Verhalten als ein auf Bewährung entlassener Gefangener den Glauben rechtfertigen, daß, wenn seiner Bitte, zu seinen Freunden und Verwandten zurückkehren zu dürfen, entsprochen wird, er in Freiheit leben und bleiben wird, ohne gegen das Gesetz zu verstoßen."

„Wir sind jedoch der Meinung, daß seine vollständige Begnadigung mit dem Wohlergehen dieses Staates – des Schauplatzes seines Verbrechens – nicht vereinbar sein würde, weil seine Anwesenheit darin, wenn er von den Bedingungen seiner Bewährung befreit würde, ein morbides und demoralisierendes Interesse an ihm und seinem Verbrechen bewirken würde."

„Deshalb wird angeordnet, daß Thomas Coleman Younger zu der Bedingung, daß er unverzüglich zu seinen Freunden und Verwandten, woher er kommt, zurückkehren wird, und daß er niemals freiwillig nach Minnesota zurückkehrt, eine Begnadigung erhalten soll."

„Und unter der weiteren Bedingung, daß er beim Gouverneur des Bundesstaates Minnesota sein schriftliches Versprechen einreicht, daß er niemals als Schauspieler oder Teilnehmer einer öffentlichen Aufführung, eines Museums, Zirkus', Theaters oder einer Oper auftreten oder sich an irgendeinem anderen Ort der öffentlichen Unterhaltung oder Versammlung ausstellen lassen wird, wo eine Eintrittsgebühr erhoben wird; wobei dies ihn nicht davon abhalten soll, eine solche öffentliche Aufführung oder einen solchen Vergnügungsort zu besuchen."

„Wenn er eine der Bedingungen dieser Begnadigung verletzt, ist sie vollständig ungültig."

S. R. Van Sant, Gouverneur.

Chas. M. Start, Oberster Richter des Obersten Gerichtshofs

Wallace B. Douglas, Generalstaatsanwalt.

Einige Tage später meldete ich mich bei Gouverneur Van Sant wie folgt: „Ich, Thomas Coleman Younger, verspreche hiermit auf Grund einer der Bedingungen, unter denen mir eine Begnadigung gewährt wurde, daß ich niemals öffentlich auftreten werde, noch mir erlauben werde, als Schauspieler oder Teilnehmer an öffentlichen Aufführungen, Museen, Zirkussen, Theatern, Opernhäusern oder anderen öffentlichen Vergnügungs- oder Versammlungsorten ausgestellt zu werden, wo eine Eintrittsgebühr erhoben wird."

37.
Der Wilde Westen

Die „Cole Younger and Frank James' Historical Wild West Show" ist ein Versuch zweier Männer, deren Heldentaten vielleicht mehr als die aller anderen lebenden Männer übertrieben wurden, ein ehrliches Leben zu führen und dem amerikanischen Volk zu beweisen, daß sie nicht so schwarz sind, wie sie gemalt wurden.

Es wird nichts in der Wild-West-Show geben, woran irgend jemand Anstoß nehmen könnte, und es ist meine Absicht als Teilhaber in der Show, wie es auch in den Verträgen steht, die ich mit meinen Partnern abgeschlossen habe, daß keinerlei Gewalttätigkeit oder Unehrlichkeit von den Teilnehmern der Show ausgehen wird. Wir werden auch den örtlichen Behörden helfen, die Show von den Mitläufern zu befreien, die die Wandershows oft zum Sündenbock für ihre eigenen Missetaten machen. Wir beabsichtigen, unsere Show effizient und ehrlich zu überwachen, um den Leuten etwas für ihr Geld zu bieten, eine Unterhaltung, die den Grenzbewohner meiner jungen Jahre zeigen wird, wie er wirklich war.

Ich hatte gehofft, daß ich, wenn meine Begnadigung bedingungslos gemacht worden wäre, auf der Rednerbühne meinen Lebensunterhalt verdienen könnte. Ich hatte einen Vortrag vorbereitet, von dem ich glaube, daß er niemandem geschadet hätte, während er vielleicht denjenigen, die ihn sich zu Herzen genommen hätten, eine wertvolle Lektion hätte sein können.

Ich gebe ihn hier unter dem Titel „Was mein Leben mich gelehrt hat" wieder.

38.
Was mein Leben mich gelehrt hat

Wenn ich durch die schwach beleuchteten Korridore der Vergangenheit zurückblicke, die lange Perspektive der Zeit, einer Zeit, in der ich das Gesicht des sterblichen Menschen oder Bataillone von Männern nicht fürchtete, da ich von meinen alten Kameraden mit Waffen unterstützt wurde, mag es widersprüchlich erscheinen, daß ich vor Ihnen mit einer aus Feigheit geborenen Ängstlichkeit auftrete, aber vielleicht werden Sie es besser verstehen, als ich Ihnen sagen kann, daß fünfundzwanzig Jahre in einer Gefängniszelle den Intellekt eines Mannes ebenso wie seinen Körper einschränken. Deshalb erhebe ich keinerlei Anspruch auf literarische Verdienste und vertraue darauf, daß meine Aufrichtigkeit meinen Mangel an Beredsamkeit ausgleichen wird; und ich bin mir auch nicht so sicher, ob diese Art von Rhetorik etwas für mich ist, die einige Punkte nur andeutet, oder eher die einfache Sprache der Seele, die keinen Dolmetscher benötigt.

Lassen Sie mich sagen, meine Damen und Herren, daß der am weitesten entfernte Gedanke in meinem Kopf ist, mich als eine Persönlichkeit darzustellen. Ich fühle nicht den Wunsch, auf dem Grund des schlechten Rufes zu verweilen, den mir meine Vorgeschichte verschafft hat.

Denjenigen unter Ihnen, die aus bloßer Neugierde hierher gekommen sind, um eine Person oder einen Mann zu sehen, der durch die Ereignisse seines Lebens einen gewissen Bekanntheitsgrad erlangt hat, wird der wirkliche Gegenstand dieses Vortrags und der Anlaß entgehen, der uns zusammenbringt. Mein innigster Wunsch ist es, Ihnen zu helfen, indem ich Ihnen einige der wichtigen Lektionen erzähle, die mein Leben mir beigebracht hat.

Das Leben ist zu kurz, um es anderweitig zu nutzen. Außerdem schulde ich meinen Mitmenschen, meinen Möglichkeiten, meinem Land, meinem Gott und mir selbst zu viel, um den jetzigen Anlaß anders zu nutzen.

Da ich ihnen einige wichtige Lektionen meines Lebens erzählen möchte, mag es angebracht sein, Ihnen etwas über meine Herkunft zu erzählen. Es ist wichtig für die eigene Ehre, eine Abstammung zu haben, für die man sich nicht zu schämen braucht. Ein Poet sagte, indem er zu einer ausgewählten Partei der Aristokratie sprach:

Verlassen Sie sich darauf, mein snobistischer Freund,
Über ihre Vorfahren können Sie sich nicht emporschwingen.
Ohne zu begreifen, warum,
Werden Sie das Seil am anderen Ende gewachst finden
Mit einer Berufung zum Niederen!
Oder, schlimmer noch, könnte das Seil Ihrer Vorfahren
In einer Schlinge aus stärkerem Material enden
Das einen achtenswerten Verwandten heimgesucht hat![

Aber ich bin stolz zu sagen, meine Damen und Herren, daß keine Schlinge von stärkerem Material, die er erwähnte, jemals einen meiner Verwandten heimgesucht hat. Kein Mitglied unserer Familie oder Vorfahren wurde jemals für ein Verbrechen oder einen Gesetzes-

---

[2] Anm. d. Ü. John G. Saxe, American Aristocracy.

verstoß bestraft. Mein Vater war ein direkter Nachfahre von den Lees auf der einen Seite und den Youngers auf der anderen Seite. Die Lees kamen aus Schottland und ihre Linie läßt sich bis zu Bruce zurückverfolgen. Die Youngers stammen aus der Stadt Straßburg am Rhein und zwar aus der regierenden Familie von Straßburg, als diese eine freie Stadt war.

Meine Mutter war eine direkte Nachfahrin der Sullivans, Ladens und Percivals aus South Carolina, der Taylors aus Virginia und der Fristoes aus Tennessee. Richard Fristoe, der Vater meiner Mutter, war einer von drei Richtern, die vom Gouverneur von Missouri ernannt wurden, um Jackson County zu organisieren, und wurde dann zu einem der ersten Mitglieder der Legislative gewählt. Jackson County wurde zu Ehren seines alten Generals Andrew Jackson so benannt, mit dem er in der Schlacht von New Orleans diente.

Mein Vater und meine Mutter heirateten in Independence, der Bezirkshauptstadt von Jackson County, wo sie viele glückliche Jahre miteinander verlebten, und dort verbrachte ich meine eigenen glücklichen Kindheitstage. Wir waren vierzehn Kinder; ich war das siebte. Sieben waren jünger als ich. Wie oft habe ich mir in den dunklen Tagen der Reise über den Ozean des Lebens die glückliche Umgebung meiner frühen Kindheit in Erinnerung gerufen, als ich einen edlen Vater und eine liebe Mutter hatte, die ich vertrauensvoll um Rat bitten konnte. Bis 1860 war in der Familie nie ein Todesfall eingetreten, außer bei unseren Plantagennegern. Ich hatte eine glückliche Kindheit.

Ich möchte nicht als ein Lehrmeister für andere Menschen auftreten, doch die Erfahrung eines Menschen kann sich für einen anderen als wertvoll erweisen, und es sollte nicht anmaßend sein, einige der Erfahrungswerte weiterzugeben, als ein Lehrmeister, dessen Lektionen schwer, aber zumindest der Überlegung wert sind. Ich könnte vielleicht mit Shakespeare sagen: „Ich habe goldene Ansichten von allen möglichen Leuten gekauft."

Der Gegenstand meiner Rede heute Abend weist auf das hin, was folgen soll.

Ich glaube, daß kein lebender Mann mit mehr Vertrautheit über dieses Thema sprechen kann. Ich habe als Gentleman, als Soldat, als Gesetzloser und als Sträfling gelebt und die besten fünfundzwanzig Jahre meines Lebens in einer Verbrecherzelle verbracht. Ich habe nicht den Wunsch, mich als Märtyrer darzustellen, denn Menschen, die sündigen, müssen leiden, aber ich werde meine Bemerkungen mit mutigen Aussagen unterstreichen, denn der Adler sollte keine Angst vor dem Sturm haben. Man sagt, daß es nur drei Wege gibt, auf denen wir in dieser Welt zu Wissen gelangen; durch Belehrung, durch

Beobachtung und durch Erfahrung. Wir müssen unsere Lektionen im Leben durch eine oder alle dieser Methoden lernen. Diejenigen unter uns, die nicht durch Belehrung oder Beobachtung lernen können oder lernen wollen, sind notwendigerweise auf die Früchte der Erfahrung beschränkt.

Der Junge, dem von seiner Mutter gesagt wird, daß Feuer heiß ist und der gesehen hat, wie sich sein Bruder schwer verbrannte, muß die Tatsache eigentlich nicht noch deutlicher durch eigene Erfahrung in seinen Verstand eingeprägt bekommen. In den meisten Fällen braucht es dennoch Erfahrung, um ihn zufriedenzustellen. Durch eine Art von Notwendigkeit, die ich an dieser Stelle nicht erklären kann, mußte ich einige sehr eindrucksvolle Lektionen in meinem Leben von dem strengen Lehrer lernen, der Erfahrung. Manche Menschen drücken den Wunsch aus, ihr Leben noch einmal leben zu können, unter dem Eindruck, daß sie auf einer zweiten Reise erfolgreicher sein könnten; solche Leute sind kaum logisch – so aufrichtig sie in einem solchen Wunsch auch sein mögen. Sie scheinen zu vergessen, daß, wenn sie durch das unfehlbare Gesetz von Ursache und Wirkung wieder auf den Weg zurück zum Ausgangspunkt gehen und es erneut versuchen würden, sie unter denselben Umständen stets dort landen würden, wo sie jetzt sind. Die gleichen Ursachen würden den gleichen Effekt erzeugen.

Ich gestehe, daß ich keinen unstillbaren Drang verspüre, mein Leben noch einmal von vorn zu beginnen, selbst wenn es möglich wäre. Ich habe den Pfad meines Lebens für etwas über fünfzig Jahre verfolgt. Es hat mich zu mannigfaltigen und seltsamen Erfahrungen geführt.

Die letzten sechsundzwanzig Jahre brachten mich durch eine Folge von Umständen, die ich nicht kontrollieren konnte, zum gegenwärtigen Ort und Stunde. Vielleicht mag es für mich passend sein, wie St. Peter auf dem Berg der Verklärung zu sagen, daß es gut ist, hier zu sein.

Der Mann, der den Lebensweg des Gesetzlosen wählt, ist entweder ein natürlicher Narr oder ein argloser Verrückter. Der Begriff „Gesetzloser" hat eine unterschiedliche Bedeutung. Ein Mann kann ein Gesetzloser sein und doch ein Patriot. Es gibt den Gesetzlosen mit einem Herzen aus Samt und einer Hand aus Stahl; es gibt den Gesetzlosen, der niemals die heilige Unantastbarkeit des Hauses irgendeines Menschen belästigte; es gibt den Gesetzlosen, der niemals die Ehre einer Frau verletzte oder ihr Erbe angriff; und es gibt den Gesetzlosen, der die ehrlichen Armen niemals ausgeraubt hat. Haben Sie von dem Gesetzlosen gehört, der weit im Westen, wo die Sonne in unendlicher Schönheit am Horizont versinkt, der Adoptivsohn der Kootenai-Indianer war? Es war eine der traurigsten Szenen in all den Annalen der menschlichen Tragödie, und fand während eines dieser heftigen Konflikte statt, die die früheren Tage der Grenzzeit kennzeichneten.

Der weiße Gesetzlose hatte den roten Mann dazu gebracht, den Weißen eine Friedensbotschaft zu senden, und für diese wichtige Mission wurde der kleine Sohn des Kootenai-Häuptlings ausgewählt.

Der Junge bestieg sein Pferd, doch bevor die Friedensbotschaft abgegeben wurde, wurde der tapfere kleine Kurier von einem Trupp bewaffneter Männer in Stücke geschossen, die ihn töteten, anstatt ihn nach seiner Mission zu fragen. Dem kleinen Jungen wurde der den Indianern eigentümliche Schmuck weggenommen, als der Gesetzlose auf den Schauplatz ritt.

„Nehmt eure Hände von ihm, oder bei Gott, ich schneide sie euch ab", rief er. „Ihr habt ein einzelnes Kind getötet – den Botschafter des Friedens – Frieden, für den ich mein Leben riskierte, um ihn für die weißen Männer zu sichern, die mich geächtet haben."

Er nahm den Leichnam zärtlich in die Arme und ritt zurück, um sich der Wut eines gekränkten Volkes zu stellen. Er wußte um die Strafe, ging aber dennoch hin, um sich als Opfer anzubieten, und wurde erschossen. Dies ist jedoch nicht die Klasse der Gesetzlosen, über die ich sprechen möchte, denn der Zwang der Umstände macht oft Verbrecher aus Männern, sondern ich möchte von dem kriminellen Gesetzlosen sprechen, den ich weder verschonen noch entschuldigen würde.

Meine Freunde, die Zivilisation mag nur dünn getüncht, und die Welt von heute mag schleimig vor Heuchelei sein, dennoch ist kein Mann dazu berechtigt, Löwen zu töten, um Hunde zu füttern. Gesetzlosigkeit ist oft ein passender Begleiter für Verrat und Anarchie, für die die niedrigsten Plätze der Hölle reserviert werden sollten. Der Gesetzlose, wie der gewerbsmäßige Freibeuter, ist oft ein krankhafter Auswuchs auf dem Antlitz der Natur, der das Licht von Gottes Tag verdunkelt.

Ich muß meine Laufbahn als Gesetzloser nicht erklären, eine Laufbahn, die mit großartiger Fiktion gefärbt ist. Das Wort Gesetzloser ist für mich wie eine glühende Kohle. Die Vergangenheit ist eine Tragödie – eine Tragödie, in der auf jedem Weg Gefahr lauert. Ich werde vielleicht begnadigt, weil ich ein paar wilde, unbarmherzige Jahre hinter mir habe, die zu einer Laufbahn als Gesetzloser führten – die Erinnerung schneidet wie die Schwertklingen einer Reiterschwadron. Der Gesetzlose ist wie ein großer schwarzer Vogel, aus dem sich jeder Vorübergehende berechtigt fühlt, eine Handvoll Federn zu rupfen.

Meine jungen Freunde, wenn Sie mit körperlicher Stärke, Tapferkeit und einer ruhigen Hand ausgestattet sind, lassen Sie sich von mir ermahnen, sie gut zu gebrauchen, denn Gott, der sie gegeben hat, wird letztlich den Sieg davontragen.

Denken Sie an einen Mann, der von großartigen Eltern geboren ist, aus einer guten Umgebung stammt, über die besten Vorteile, eine gewisse Intelligenz und die Möglichkeit, Präsident der Vereinigten Staaten zu werden, verfügt, und den Mut eines Anführers besitzt. Denken Sie an ihn, wie er untätig in einer Gefängniszelle liegt. Das gilt nicht nur für den gesetzlosen Straßenräuber, sondern auch für jene Gesetzlosen, die manchmal den sanfteren Namen „Finanzier" tragen. Vor kurzem hörte ich einen Mann sprechen, der von einem gewissen Bankier sprach, und ich wurde daran erinnert, daß nicht alle bösen Männer im Gefängnis sind. Er sagte: „Jeder Hund, der stirbt, hat einen Freund, der eine Träne um ihn vergießt, aber wenn dieser Mann stirbt, wird es eine allgemeine Freude geben."

Ich bin nicht gerade ein Anführer, aber es wird Sie vielleicht überraschen, daß ich zwischen zwanzig und dreißig Mal angeschossen wurde und noch immer ein Dutzend Kugeln in mir trage, die nie herausgenommen wurden. Wie stolz sollte ich gewesen sein, trüge ich die Narben aus dem Kampf um die Ehre und den Ruhm meines Landes. Auf die Wunden, die ich erhalten habe, als ich die graue Uniform getragen habe, bin ich stets stolz gewesen, und ich bedauere, daß ich die restlichen Wunden nicht während des Krieges mit Spanien, für die Freiheit Kubas und die Ehre und den Ruhm dieser großen und glorreiche Republik erhielt. Aber leider ist dem nicht so, und es ist eine eingeprägte Erinnerung, die einen Mann ans Kreuz schlägt.

Ich war im Gefängnis, als der Krieg mit Kuba begann, ein Krieg, der nie aus dem Gedächtnis schwinden wird. Wie die Männer vom Pfad des Friedens abgingen, und das Schwert ergreifend der Fahne folgten! Wie die blauen Reihen der amerikanischen Soldaten die Höhen des Heldentums erklommen und der Rauch von den heißen Altären der Kriegsgötter stieg und die Schuld der Freiheit rächten, so wird die Erinnerung an die Unabhängigkeit Kubas in die Geschichte eingehen, glorreich wie unsere eigene Revolution und – '76 und '98 – Zwillingsjuwelen in der Krone verwandter Jahrhunderte. Spanien und die Welt haben gelernt, daß hinter der Fahne unserer Nation eine Macht lauert, die so unbezwingbare ist wie der Zorn Gottes.

Schlummert weiter, Seite an Seite in den dunklen Gewölben der Ewigkeit, Manila Bay und Bunker Hill, Lexington und Santiago,

Ticonderoga und San Juan, glorreiche Namen in Columbia's Ruhmes-
liste, die im Laufe der Zeit kolossal werden. Ja, ich war damals im
Gefängnis, und laßt mich Ihnen sagen, liebe Freunde, daß ich nicht zu
sagen zögere, daß Gott nur wenigen Menschen so zu leiden erlaubt wie
ich es tat, als ich zu der vollen Erkenntnis erwachte, daß ich anstelle
einer Uniform meines Landes die Streifen trug.

Denkt daran, Freunde, ich rechtfertige keine Plünderungen mit
dem Krieg. Der Krieg ist eine schreckliche Sache und führt die Menschen manchmal aus den üblichen Lebenswegen heraus auf Abwege.
Männer dieses Landes, laßt mich euch mit Nachdruck, leiden-
schaftslos und absolut ohne Rücksicht auf mich selbst sagen, daß der
Krieg Wilde aus Männern macht und sie der Vernunft beraubt. Er
wird zu oft mit dem Wort „Patriotismus" gezuckert, um ihn erträglich
zu machen, und Männer bezeichnen ihn als „nationale Ehre".

Kommen Sie mit mir ins Gefängnis, wo ich ein Vierteljahrhundert
lang eine einsame Zelle bewohnte. Wenn die Tür hinter dir zuschlägt,
hört die Welt deine gedämpften Klagen nicht. Es gibt wenig, um im
Gefängnis Freude hervorzurufen. Einen Mann einzusperren, der nahe
am Herzen der Natur, im Wald, im Sattel gelebt hat, ist wie einen
wilden Vogel in einen Käfig zu sperren. Und doch hat die Gefangenschaft die Vorzüge vieler Menschen zum Vorschein gebracht. Ich habe
in den einsamen Stunden dort viele Dinge gelernt. Ich habe gelernt,
daß Hoffnung eine Gottheit ist; ich habe gelernt, daß äußerste
Entschlossenheit jede Schwäche überwindet; ich habe gelernt, daß
man eine weiße Taube nicht mit einer Amsel kreuzen kann; ich habe
gelernt, daß Rache Gott und nicht dem Menschen zusteht; ich habe
gelernt, daß es einige Dinge gibt, die besser sind als ein Bild auf einem
Kirchenfenster; ich habe erfahren, daß das amerikanische Volk und
besonders die guten Leute von Minnesota einen gefallenen Feind
nicht seiner Würde berauben; ich habe gelernt, daß jeder, der sagt „es
gibt keinen Gott", ein Narr ist; ich habe gelernt, daß Politik oft bloßer
Handel und staatsmännische Trickserei ist; ich habe erfahren, daß auf
den Plains für die Ehre der Republik gekämpft wird; ich habe begrif-
fen, daß der Mann, der stolz darauf ist, sich in jeder öffentlichen
Angelegenheit auf die falsche Seite zu stellen, ein ebenso schädlicher
Feind des Landes ist wie der Mann, der offen auf die Fahne feuert;
und ich habe stumme Leiden von Männern im Gefängnis gesehen, die
kein Stift aufschreiben kann. Und ich habe dort Männer sterben sehen.
Während meiner fünfundzwanzigjährigen Haft verbrachte ich einen
großen Teil der Zeit im Krankenhaus, pflegte die Kranken und linderte
die Leiden der Sterbenden. Oh! die Traurigkeit, die Verzweiflung, der
Vulkan menschlichen Elends, der in einer solchen Stunde lauert.

Einen, ein Soldat aus dem Norden, traf ich im Kampf, als ich die graue Uniform trug. '63 hatte ich ihn jenseits der konföderierten Linien in Missouri in Sicherheit gebracht, und '97 starb er im Gefängnis von Minnesota in meinen Armen, wenige Augenblicke bevor eine vollständige Begnadigung des Präsidenten eintraf.

Die Einzelheiten dieses bemerkenswerten Zufalls waren äußerst traurig, was nur dem Tod meines jungen Bruders Bob gleichkam.

Und doch, meine lieben Freunde, Gefängnisse und Gefängnismaßregeln, die manchmal den Verstand zerstören und ein bleibendes Stigma für diejenigen sind, die sie überleben – diese, möchte ich sagen, sind die Sicherheitsvorkehrungen der Nation.

Im Gefängnis hat man reichlich Zeit, um nachzudenken, und ich könnte hinzufügen, daß es ein idealer Ort ist, um das Gesetz, Religion und Shakespeare zu studieren, und nicht zu vergessen, die Botschaften des Präsidenten. Ich rate Ihnen jedoch, nicht deswegen ins Gefängnis zu gehen, um einen idealen Ort für diese speziellen Studien zu finden. Ich finde, daß nach dem sorgfältigen Studium das Gesetz einfach eine Interpretation der Zehn Gebote ist, nicht mehr und nicht weniger. Alles Gesetz basiert auf der Schrift, und die Schrift regiert in Form von Religion oder Gesetz das Universum.

Der Ungläubige, der die Religion lächerlich macht, ist gezwungen, das Gesetz zu respektieren, das in Wahrheit die Religion selbst ist.

Es genügt nicht allein, gute und gerechte Gesetze zu erlassen, sondern unser Volk muß von der Wiege an ausgebildet werden oder sollte es zumindest werden, das Gesetz zu respektieren. Dies ist eine großartige Lektion, die man dem amerikanischen Volk einprägen kann. Laßt die Welt wissen, daß wir eine gesetzesliebende Nation sind, denn unser Gesetz ist unser Leben.

Die Erfahrung hat mich gelehrt, daß es keine wirkliche Freiheit außerhalb des Gesetzes gibt. Das Gesetz ist eine Grenzlinie, ein Schutz-wall, der das Feld eingrenzt, in dem Freiheit ungehindert gelebt werden kann. Jenseits der Grenze muß die Freiheit ihre Rechte aufgeben und ihren Namen in „Strafe für Übertretung" ändern. Das Gesetz ist kein Feind, sondern der Freund der Freiheit. Die Welt und die Planeten bewegen sich per Gesetz. Ohne Rücksicht auf das Gesetz, mit dem sie sich bewegen, würden sie auf ewig in der trostlosen Finsternis wandern.

Der menschliche Geist regt sich und arbeitet in seinem Normalzustand nach dem Gesetz. Wenn der von Leidenschaft oder Begierde geblendete Eigensinn in sein Reich eintritt und seine schützenden Gesetze bricht, verliert der Geist seine süße Handlungsfreiheit und wird zum Übertreter. Das Chaos greift den Thron der Freiheit an, und der Geist gerät in Feindschaft mit dem Gesetz. Wie viele, viele Male haben die Worte des Dichters in den letzten sechsundzwanzig Jahren zu meiner Seele gesungen:

Ewiger Geist des kettenlosen Verstands,
Im Kerker leuchtest du mit hellster Pracht,
Denn im Herzen thront dann deine Macht,
Im Herzen, dessen Liebe allein dich binden kann.[3]

Ihre Lokomotive mit ihrer gezogenen Ladung aus Leben und Gut ist sicher, solange sie auf ihren Schienen bleibt, aber angenommen, daß sie wegen eines wahnsinnigen Verlangens nach einer größeren Freiheit die Schienen verließe und sich einen neuen Weg bahnte, so würden Ruin, Chaos und Tod ihren Kurs bezeichnen. Und noch einmal, lassen Sie mich Ihnen die Tatsache einprägen. Das Gesetz ist einer der mutigsten Freunde der Menschheit. Es ist die Schutzmaßnahme der höchsten persönlichen und nationalen Freiheiten. Die französische Revolution liefert eine bleibende Illustration der gesetzlosen Gesellschaft.

Es gibt Zeiten, in denen ich denke, daß das amerikanische Volk nicht patriotisch genug ist. Einige meinen, Patriotismus sei nur in Zeiten des Krieges notwendig, aber ich sage Ihnen, daß er in Zeiten des Friedens notwendiger ist.

Wenn die Sicherheit des Landes bedroht und die Flagge beleidigt wird, werden wir vom Nationalstolz dazu angetrieben, den Feind abzuwehren, aber in Zeiten des Friedens nehmen selbstsüchtige Interessen größere Bedeutung bei uns ein und halten uns von unserer Pflicht gegenüber dem Land ab.

Nirgends ist Patriotismus nötiger als an der Wahlurne. Dort sind die zwei großen Kandidaten das Land und das Selbst, und wenn nicht der Geist des Patriotismus die führende Stimme ist, wird unser Land sicher verlieren. Um treue Bürger zu sein, müssen wir in unserer Politik ehrlich sein. Der politische Stern, der uns leitet, sollte die Liebe zu unserem Land und für die Gesetze unseres Landes sein.

Patriotismus steht Seite an Seite mit dem Christentum, möchte ich den kommenden Generationen mitgeben, denn überall, wo die Kirche zerstört wird, macht man Platz für Irrenanstalten und Gefängnisse. Wie der Märtyrer Garfield glaube auch ich, daß die große Bedrohung für unser Land nicht von außen kommt.

---

[3] Anm. d. Ü. Lord Byron, Prisoner of Chillon.

Es mag anmaßend von mir sein, Ihnen so viele Ratschläge zu geben, die Sie in einer Welt gelebt haben, aus der ich fünfundzwanzig Jahre lang verbannt war. Ich könnte mir eine falsche Vorstellung von einigen Dingen gebildet haben, aber Sie werden so gütig genug sein, mir meine Fehler zu vergeben.

Ich hoffe, der Menschheit etwas zu Nutzen zu sein und werde mein zukünftiges Leben darauf verwenden, jedes Unrecht zu entlarven, wie es in meiner Macht steht, und der Zivilisation zu helfen, sich gegen weitere Verfolgung zu erheben. Ich möchte der erste Trommler einer Friedensbrigade sein, der lieber das Wohlwollen seiner Mitgeschöpfe besitzt als irgendwelche Schulterstücke.

Eine der Lektionen, die mir durch meine Lebenserfahrung eingeprägt wurde, ist die Kraft dessen, was wir persönlichen Einfluß nennen, die Kraft eines Geistes oder eines Charakters über einen anderen.

Die Gesellschaft ist eine Summe von Einheiten. Die Einheiten stehen in Beziehung zueinander. Niemand lebt oder handelt alleine, unabhängig von einem anderen. Persönlicher Einfluß spielt in den Beziehungen, die wir miteinander pflegen, eine Rolle.

Sie fragen mich, was ich unter persönlichem Einfluß verstehe? Es ist die Summe dessen, was ein Mensch ist und seiner Wirkung auf einen anderen. Jemand hat einmal gesagt: „Jeder Mensch ist das, zu was Gott ihn erschaffen hat", und für einige gilt dies um so mehr. Das, was wir Charakter nennen, ist die Summe all seiner Neigungen, Gewohnheiten, seines Bedürfnisses und seiner Leidenschaften. Die Begriffe Charakter und Ruf werden viel zu oft verwechselt. Dein Charakter ist, was du wirklich bist; dein Ruf ist, wie ein anderer gerne hätte, daß du bist.

Jeder Mensch hat etwas Gutes in sich. Aber wahrscheinlich kann keiner von uns sagen, daß wir nur Gutes in uns haben.

Ich habe bemerkt, daß, wenn ein Mensch behauptet, nur gut zu sein, dieser Anspruch alleine seinen Kredit im Geschäft oder in der Bank nicht besser macht. Wenn ein Mensch gut ist, kann die Welt seine Eigenschaften herausfinden. Die meisten Menschen sind bereit, zumindest für sich selbst zuzugeben, daß ihre Eigenschaften etwas gemischt sind. Ich glaube nicht, daß die guten Menschen der Welt alle in einer Ecke zusammengeknäuelt sind und die bösen in einer anderen. Christi Gleichnis vom Weizen und vom Unkraut erklärt dies zu meiner Zufriedenheit. Es gibt Gutheit in allen Menschen und Weisheit sogar in Steinen. Aber Gutheit und Schlechtigkeit neigen dazu, sich zu vermischen. Der Mensch, um die Sprache eines anderen zu benutzen, ist eine seltsame Kombination von Vorwitz und Widernatürlichkeit, Anmaßung, Stolz, Vermessenheit, Eitelkeit, Eifersucht, Haß, Verachtung, Niederträchtigkeit, Wahnsinn, Ehre, Wahrheit, Weisheit, Tugend und Höflichkeit. Er ist wahrlich eine merkwürdige Kombination.

Und diese gemischten Elemente seiner Natur, in ihren Auswirkungen auf andere Menschen, nennen wir persönlichen Einfluß. Mancher Mensch ist nicht ganz das, zu was er sich selbst gemacht hat, sondern das, zu was andere ihn gemacht haben. Aber der persönliche Einfluß eines Menschen unterliegt seiner eigenen Kontrolle. Am Tor seiner Natur, von dem sein Einfluß ausgeht, muß er seine Wächter postieren.

Der Verstand steht in Beziehung zum Geist, etwa in der Art von Ursache und Wirkung.

Emerson sagte: „Du schickst deinen Jungen zur Schule, damit er erzogen wird, aber die Bildung, die er bekommt, kommt größtenteils von den anderen Jungen." Es ist eine Art von Bildung, an die er sich noch lange erinnern wird und die einen größeren Einfluß auf seinen Charakter und seinen Lebenslauf haben wird als die Anweisungen, die er vom Lehrer erhält.

Der große Gelehrte Elihu Burritt hat gesagt: „Kein Mensch kann in diese Welt kommen, ohne die Summe des menschlichen Glücks zu erhöhen oder zu verringern." Niemand kann sich aus dieser Verbindung lösen. Es gibt keinen Ort im Universum, zu dem er sich von seinen Beziehungen zu anderen zurückziehen kann.

Dies macht das Leben und Handeln unter unseren Gefährten zu einem ernsthaften Geschäft. Es macht das Leben zu einer Bühne, uns selbst zu den Schauspielern – einige von uns sind bemerkenswert schlechte Schauspieler – und bürdet uns die Verpflichtung auf, unseren Teil gut zu machen. Darin liegt alle Ehre. Und um dies zu tun, müssen wir uns mit den Eigenschaften von Geist und Charakter eindecken, deren Einfluß für diejenigen hilfreich sein wird, die uns nachfolgen.

Eine andere einfache Pflicht, auf die meine Erfahrung hinweist, ist, daß jeder von uns dem Fortschritt der materiellen Welt eine ehrliche, ehrenhafte Anstrengung schuldig ist. Ehrliche Arbeit ist der Schlüssel, der die Tür zur Glückseligkeit öffnet. Eine der dümmsten Vorstellungen, die ein junger Mann in seinen Kopf bekommen kann, ist die, daß die Welt ihm seinen Lebensunterhalt schuldet. Sie schuldet dir nicht einmal den Bruchteil eines roten Hellers, junger Mann. Was hast du für die Welt getan, daß sie dir etwas schuldig ist? Wann wurde dir die Welt zu Dank verpflichtet? Wer hat für dich in den Jahren der hilflosen Kindheit gesorgt? Wer hat das Schulhaus gebaut, in dem du die Grundlagen deiner Ausbildung bekommen hast? Die Welt wurde geschaffen und ausgerüstet, damit der Mensch sie entwickeln kann. Der allmächtige Gott hat die Welt gut ausgestattet.

Er sorgte für reichliche Kohlevorkommen, Ozeane von Öl, grenzenlose Wälder, Salzmeere. Er hat den Berg mit Edelsteinen bestückt, um die Felsen für die Wissenschaft, Beredsamkeit und Kunst nützlich zu machen. Er hat die Erde so geschaffen, um allen Bedarf des Menschen zu produzieren. Er hat dem Menschen selbst einen Intellekt gegeben, um die Mysterien Seines Werkes zu ergründen und zu entwickeln. Jetzt befiehlt Er, daß der sterbliche Mensch den Rest tun soll, und was für ein großzügiger Befehl es ist! Und das ist die Welt, die dir etwas schuldet, ja?

Das erinnert mich an einen Mann, der eine schöne Kirche baute und gründlich ausstattete und der Gemeinde als Geschenk überreichte. Nachdem sie ihre Dankbarkeit ausgedrückt hatten, sagte ein führendes Mitglied der Kirche zu dem großzügigen Spender: „Und dürften wir Sie jetzt darum bitten, daß Sie einen Blitzableiter an die Kirche legen, um sie vor einem Blitzschlag zu sichern?" Der Spender antwortete: „Nein. Ich habe eine Kirche gebaut, in der der allmächtige Gott verehrt wird, und wenn Er es für angebracht hält, sie durch einen Blitz zu zerstören, dann soll es so sein"

Es gab eine Kirche in New Jersey, die vom Blitz getroffen wurde, wo die großen Konzernmagnaten sich zum Gottesdienst trafen, und der Herr sei entschuldigt, daß er sie mit Blitzen heimgesucht hat. Nein, der Herr wird Ihre guten Werke überhaupt nicht niederschlagen. Er hat für jeden von uns ein irdisches Paradies angelegt, und uns gebührt nichts als das, was wir durch ehrliche Arbeit und hehre Bemühungen verdienen. Wir sind der Welt einen Dank dafür schuldig, daß wir eine so bequeme Wohnung haben, den wir niemals zurückzahlen können. Wir schulden der Welt das Beste, das in uns ist, für ihre Entwicklung. Gerald Massey hat es richtig ausgedrückt, als er sagte: „Mühe ist die Krone der Schöpfung, Verehrung ist Pflicht."

Eine andere wichtige Lektion, die das Leben mich gelehrt hat, ist der Wert, der unschätzbare Wert guter Freunde, und mit Shakespeare sage ich: „Hefte sie dir mit ehernen Haken an deine Seele." Ein Weiser hat gesagt: „Man erkennt den Charakter eines Mannes anhand der Gesellschaft, zu der er gehören möchte." Und es wäre wirklich eine trostlose Welt ohne den Umgang mit Freunden. Aber ein Mann muß sich seiner Freunde würdig erweisen, denn der Text lehrt uns: „Ein Mann, der Freunde haben will, muß sich freundlich zeigen." Was ich heute bin oder zu sein anstrebe, verdanke ich vor allem meinen Freunden – Freunden, für die ich nicht die Worte habe, ihnen meine Dankbarkeit zu bekunden, die tiefer geht als Worte ausdrücken können; Freunde, die uns zu der Überzeugung brachten, daß „Steinmauern kein Gefängnis machen, und Eisengitter keinen Käfig"; Freunde, die verstehen, daß die menschliche Natur und Aufrichtigkeit oft in Gefängniskleidung gekleidet sind; Freunde, die der Meinung sind, daß ein falscher Schritt einen Mann nicht für das Leben lähmt.

Oh, was für eine großzügige Lehre! Und obwohl es nicht geschrieben steht, glaube ich, daß Gott sein Siegel darauf gesetzt hat. Ehrliche Freundschaft ist eine große Religion, und wenn wir uns selbst treu sind, so sagt uns der Dichter, können wir für keinen Menschen falsch sein.

Ich muß jedoch zugeben, daß es heutzutage viele Arten von Freundschaft gibt, die es in unserer Zeit nicht gab. Zum Beispiel: Eine Reihe von Männern haben mich im Gefängnis besucht und mir ihren Wunsch einer Begnadigung usw. versichert. Sie haben so beredt und ernsthaft gesprochen, daß ich dachte, ich hätte Glück, die Sympathien und die Hilfe solch prächtiger Männer zu gewinnen. Nach dem ersten oder zweiten Besuch wurde ich so sanft wie möglich informiert, daß dieser Freundschaft ein Preis beigemessen wurde; wie viel würde ich ihnen geben, damit sie eine Petition für eine Begnadigung unterzeichnen oder unterschreiben? Ich erinnere mich, wie ich sie anschaute, wie mein Herz bei dieser Forderung beinahe stehenblieb. Was für eine Ungerechtigkeit für die Öffentlichkeit, gegen Bezahlung eine Petition für einen Mann aus dem Gefängnis zu stellen! Wenn ein Mann aufgrund seiner Verdienste nicht aus dem Gefängnis kommen kann, soll er dort bleiben. Ich behaupte auch, daß, wenn es unter Dieben eine Ehre gibt, auch unter Politikern und protzigen Bürgern eine existieren sollte. Ich hasse Lügner und falsche Menschen. Ich hasse Heuchler, Männer, deren Wort gegenüber ihren Freunden nicht ebenso gut ist wie Gold.

Meine Freunde, es gibt nur eine Sache, die ich zu meiner Verteidigung sagen werde, wenn Sie mir so weit nachgeben. Ich glaube nicht daran, unter dem Deckmantel der Dunkelheit das zu tun, was das Tageslicht nicht ertragen wird. Während meiner Zeit als Gesetzloser ritt ich im Schein der Mittagssonne in die Stadt, und alle Männer kannten meine Mission. Gemeinschaften jeder Art hatten damals allen Grund, mich zu verachten. Aber niemand kann mir vorwerfen, nachts umhergeschlichen zu sein, noch einen Einzelnen oder die ehrlichen Armen ausgeraubt zu haben. In unserer Zeit kam das Wort eines Mannes seinem Eid gleich, und selten brach ein Mann die Treue, wenn er sie einmal einem anderen geschworen hatte.

Was ich Ihnen sage, liebe Mitbürger, sage ich nicht in eitler Prahlerei, sondern aus der Seele eines Mannes, der die Wahrheit in all ihrer Einfachheit verehrt. Man denke sich – ein Preis für die angebotene Freundschaft eines Mannes. In meiner Seele begreife ich nicht einmal einen so ungeheuerlichen Vorschlag, und glauben Sie mir, selbst die unglücklichen Geschöpfe im Gefängnis um mich herum wirkten menschlicher als die anständigen Bürger und geschäftstüchtigen Männer mit einem Preis für ihre Freundschaft.

Ich möchte den Damen, die mich mit ihrer Anwesenheit geehrt haben, etwas sagen. Da ich aber mein ganzes Leben lang Junggeselle war, weiß ich kaum, was ich sagen soll. Ich weiß jedoch, daß sie die göttlichen Kreaturen eines göttlichen Schöpfers sind; ich weiß, daß sie die Hohepriesterinnen dieses Landes sind; und ich sage auch, daß Gott nicht überall sein konnte, und Er deswegen die Frau geschaffen hat. Man braucht in diesem fortschrittlichen Zeitalter fast die Laterne eines Diogenes, um einen ehrlichen Mann zu finden, aber nicht so bei einer guten Frau, die eine Erleuchtung in sich selbst ist; das Licht ihres Einflusses strahlt mit einer eigenen Ausstrahlung. Sie werden mir zustimmen, daß die folgenden Zeilen mehr Wahrheit als Poesie enthalten, und ich verneige mich vor dem großartigen Genie des Autors:

Tadeln Sie die Frau nicht, wenn einige
Manchmal zu kalt und manche zu heiter und leichtfertig erscheinen;
Manche Sorgen nagen tief – manches Leid ist schwer zu ertragen.
Wer kennt die Vergangenheit und wer kann sie richtig beurteilen?[4]

Vielleicht haben Sie von Banketten „nur für Herren" gehört. Nun, bei einer dieser Gelegenheiten wurde einer der Gäste aufgefordert, auf einen Trinkspruch auf „Die Damen" zu antworten.

Da keine Damen anwesend waren, fühlte er sich in seinen Bemerkungen sicher. „Ich glaube nicht", sagte er, „daß es noch echte, unverfälschte Frauen gibt." Der Gast gegenüber sprang auf und rief: „Ich hoffe, der Redner bezieht sich nur auf seine eigenen weiblichen Beziehungen." Ich kann auch nie verstehen, warum es, wenn ein Mann auf Abwege geht „Unglück", und wenn eine Frau auf Abwege gerät, „Schande" genannt wird. Aber ich nehme an, nachdem ich fünfundzwanzig Jahre im Gefängnis gewesen bin, bin ich natürlich abgestumpft und sollte nicht eine Welt in Frage stellen, in der ich seit einem Vierteljahrhundert nicht mehr gelebt habe.

---

[4] Anm. d. Ü. Edward Bulwer Lytton, Changes.

Ich sage Ihnen, meine Freunde, daß ich sehr wenig über Frauen weiß, aber einer Sache bin ich moralisch sicher: Wenn die vorderen Sitze des Paradieses nicht für Frauen reserviert sind, bin ich bereit, mich mit ihnen nach hinten zu setzen. Mir scheint, daß jeder Mann, der eine Mutter hatte, eine angemessene Rücksicht auf die Weiblichkeit nehmen sollte. Meine eigene Mutter war eine Kombination aller besten Elemente des hohen Charakters, die zu einer wahren Ehefrau und Mutterschaft gehören. Ihre Hingabe und Freundschaft waren so unendlich wie die Sterne des Himmels, und kein Unglück konnte ihre großzügigen Regungen verringern oder die Milch der menschlichen Güte in ihrem guten Herzen gerinnen lassen. Ihre Erinnerung war ein Altar, ein leitender Stern, eine Gottheit, in der dunkelsten Stunde, als Reue mein ständiger Begleiter war. Es ist wahr, daß ich in meiner Jugend ein ganz normaler Junge war, als der Krieg begann, aber es gibt keine Entschuldigung dafür, nicht auf den Rat einer guten Mutter zu hören, und es kann mitunter etwas Ungutes daraus entstehen. Ich wurde gelehrt, daß der Respekt unter den Menschen und die Barmherzigkeit gegenüber den Fehlern der anderen die Hauptpflichten der Menschheit seien, die Grundlagen sowohl des menschlichen als des göttlichen Gesetzes. In diesen zwei Geboten habe ich nicht versagt, aber in anderer Hinsicht habe ich meinen häuslichen Einfluß mißachtet, und daher, meine jungen Freunde, tun Sie nicht, was ich getan habe, sondern tun Sie, was ich Ihnen ans Herz lege – das vierte Gebot zu achten.

Es gibt keinen Heroismus in der Gesetzlosigkeit, und das Schicksal jedes Gesetzlosen sollte seinerseits eine ewige Lehre für die Jungen des Landes sein. Und selbst als Benedict Arnold, der Patriot und Verräter, in einer häßlichen Dachkammer in einem fremden Land starb, weinte er mit dem letzten Atemzug zu dem einsamen Priester neben ihm: „Wickle meinen Körper in die amerikanische Flagge"; und so schreit der Gesetzlose aus innerster Seele, wenn nicht mit seiner Stimme: „Oh Gott, dreh die Zeit zurück!"

Es gibt ein anderes Thema, über das ich etwas sagen möchte, was ich im Gefängnis nie öffentlich äußerte, weil ich befürchtete, daß die Außenwelt es als eine Finte betrachten würde, um meine Freiheit zu erlangen. Freiheit ist das Geburtsrecht eines jeden Mannes, und sie war mir sehr lieb, aber wenn der Preis darin bestand, religiös zu sein, war der Preis zu hoch, und ich wäre lieber im Gefängnis geblieben. Manche Männer im Gefängnis suchen aufrichtig ihre Zuflucht in der Religion – manche nicht. Aber für die Aufrichtigen ist es ein großer Trost, weil sie Männer lehrt, daß Hoffnung eine Gottheit ist, ohne die kein Mann leben und seine Vernunft behalten kann.

Aber jetzt, wo ich wieder die Bürgerrechte zurückerlangt habe, fühle ich mich frei, meine Ansichten über die Religion auszudrücken, ohne befürchten zu müssen, daß man mich der Heuchelei beschuldigen wird. Ich verstehe nicht, warum dieses Wort „Heuchelei" jemals erfunden wurde. Nun, ich bin ein Dozent und kein Pfarrer, aber ich möchte sagen, daß ich es für einen weisen Plan halte, den Herrn seinen eigenen Weg mit dir gehen zu lassen. Das ist Logik. Der Mann, der mit Gott wandelt, ist in guter Gesellschaft. Trete in eine Partnerschaft mit Ihm ein, aber versuche nicht, das führende Mitglied der Firma zu sein. Er weiß mehr über das Geschäft als du. Du kannst deine Mitmenschen eine Zeitlang täuschen, aber versuche nicht, den Urheber dieses Universums mit leeren Patronen zu beschießen. Es gibt sehr viele Möglichkeiten, einen Mann mit wahrer christlicher Empfindung zu inspirieren, und ich muß sagen, daß die wenigsten von ihnen sich hinsetzen und einen Text aus der Schrift zitieren. Es haben mich religiöse Männer und Frauen im Gefängnis besucht, die die Religion mit keinem Wort erwähnt haben, aber den stärksten Einfluß auf mich hatten. Ihre Aufrichtigkeit und ihr Verhalten berührten sich stärker als die bloße Schrift. Ich kann noch jetzt vor meinem geistigen Auge eine von ihnen sehen, die ich im Gefängnis so oft in Person gesehen habe. Sie war eine ehrliche, freundliche, liebenswerte, christliche junge Dame. Ich erinnere mich, daß ich sie einmal gefragt habe, ob alle Leute in ihrer Kirche so gut wären wie sie. Sie antwortete ehrlich und geradeheraus: „Nein. Sie werden sie nicht alle so liberal gegenüber ihren unglücklichen Brüdern finden, und jede Kirche hat ihren Anteil an Heuchlern – meine ebenso wie andere. Aber Gott und die Kirche bleiben dennoch gleich." Es gibt einige Verbote, auf die ich Sie aufmerksam machen möchte. Eines von ihnen ist, versuchen Sie nicht, zu schnell reich zu werden, indem Sie jeden Köder ergreifen, der den Unvorsichtigen hingeworfen wird. Ich war in den letzten fünfundzwanzig Jahren in der Gesellschaft von Gefährten, die schnell reich zu werden versuchten, und zum größten Teil sind sie arme Leute. Ich kann nur Miltons Zeilen umkehren, um sie so zu lesen:

Es ist besser, mit Narren im Paradies zu sitzen,
als mit ein paar sogenannten Weisen im Gefängnis.

Greift nicht auf Untätigkeit zurück. Der Junge, der auf seinem Hosenboden sitzt, um an den Straßenecken Kisten mit Trockenwaren zuzuhalten, wird niemals Präsident der Vereinigten Staaten sein. Der Farmer, der mehrere Tage in der Woche zum Vergnügen in die Stadt fährt, wird bald seine Farm zum Verkauf ausschreiben müssen. Ein müßiger Mann wird nur zu gewiß einem Konkursverwalter in die Hände fallen. Meine Freunde, herrliche Gelegenheiten liegen vor uns, mit den freien Institutionen der Republik, die für Sie bereitstehen. Wissenschaft und Wissen haben ihre Gewölbe aufgeschlossen, in denen Armut und Reichtum nicht klassifiziert werden – ein passendes Theater, in dem der Meister die Hauptrolle spielen soll.

Und nun werde ich, mit Ihrer Erlaubnis, mit ein paar Versen von Reno, dem berühmten Dichter, schließen. Seine Zeilen sind die Verkörperung der menschlichen Natur, wie sie sein sollte, und für mich sind sie eine Art Glaubensbekenntnis. Er sagt:

Ich sehe es nie gern, wenn ein Mann niedergeschlagen ist,
Denn im Spiel des Lebens erwischt er nicht immer die Trümpfe,
Aber ich kann mich stets an einem ungenierten Fluchen erfreuen
Wenn er seine Last erträgt und dem Herrn dankt, daß er keine Memme
ist.

Schimpfen und Fluchen bringen dir kein Glück,
Weil du deine Probleme damit nicht mehr korrigieren kannst,
Denke daran, wenn dein leidender Kopf unter der Last sich beugt
Daß Gott Sonnenschein hinter jede Wolke streuen wird.

Wenn du einen mit Problemen beladenen Mitmenschen sehen solltest,
Und er so aussieht, als hätte er keinen Freund in der ganzen Welt,
Geh zu ihm und schlage ihn auf die Schulter und rufe: „Wie geht es dir?"
Und fasse seine Hand so warm, daß er weiß, er hat einen Freund in dir,

Und frage ihn, was ihn drückt und lache seine Sorgen weg,
Und sage ihm, daß die dunkelste Stunde diejenige
kurz vor Tagesanbruch ist.
Rede kein düsteres Palaver, sondern sag ihm frei heraus,
Daß Gott Sonnenschein hinter jede Wolke streuen wird.

Diese Welt ist bestenfalls ein Haschen nach Vergnügen und Schmerz;
Einige Tage sind hell und sonnig,
und einige sind von Regen überschwemmt;
Und das ist genau, wie es sein sollte,
daher werden wir gerade dann, wenn es bewölkt ist
Den hellen und freundlichen Himmel zu schätzen wissen.

So lerne, die Dinge zu nehmen, wie sie kommen,

und nicht ins Schwitzen zu geraten
Weil die Meinung des Herrn nicht mit deiner übereinstimmt.
Behalte aber immer im Gedächtnis,
wenn Sorgen deinen Weg überschatten,
Daß Gott reichlich Sonnenschein hinter der Wolke versteckt.

Ein Nachwort

Seit das Vorhergehende geschrieben wurde, habe ich gesehen, daß die Veröffentlichung von Verleumdungen über mich selbst und meine toten Brüder weitergeht. Die New Yorker Verleger von „Fünf-Cent-Schockern" sind die schlimmsten Übeltäter. Einer von ihnen hat seit meiner Entlassung aus dem Gefängnis zwei Bücher veröffentlicht: Im einen beschuldigt er meine Brüder und mich des M., K. & T. Zugraubes in Big Springs und im anderen des Chicago & Alton Raubüberfalls bei die Überquerung des Missouri Pacific bei Independence, Missouri.

Wir waren schon beinahe ein Jahr im Gefängnis von Stillwater gewesen, als der Big-Springs-Raub im September 1877 begangen wurde. Ich habe das Datum des Alton-Raubüberfalls vergessen, aber dieser Zweig der Alton-Linie wurde erst gebaut, nachdem wir nach Stillwater geschickt worden waren. also können wir logischerweise nicht dafür angeklagt werden.

Die Porträts meiner alten Guerillakameraden, deren authentische Abbilder zu diesem späten Zeitpunkt schwer zu finden sind, verdanke ich vor allem Mr. Albert Winner aus Kansas City, dessen wertvolle Sammlung von Kriegsbildern mir freundlicherweise zur Verfügung gestellt wurde.

COLE YOUNGER.